Heimo Grimm

Kärntner Naturküche

Heimo Grimm

Kärntner Naturküche

traditionell und kreativ

Steirische Verlagsgesellschaft

Umschlagbilder: Ferdinand Neumüller
Fotonachweis: Ferdinand Neumüller (II, IV, VI, VIII, XIV)
Raimund Stani (I, III, V, VII, IX, X, XI, XII, XIII, XV, XVI)

Die Deutsche Bibliothek - CIP-Einheitsaufnahme

Grimm, Heimo:
Kärntner Naturküche: traditionell und kreativ / Heimo Grimm.
- Graz : Steirische Verl.-Ges., 1999
ISBN 3-85489-018-4

Umschlaggestaltung und Layout: Manfred Neuhold
Druck: Druckerei Theiss GmbH, A-9400 Wolfsberg
Gesamtherstellung: Steirische Verlagsgesellschaft m. b. H.

ISBN 3-85489-018-4

Vorwort

Dieses Buch entstand auf Wunsch zahlreicher ernährungsbewußter Menschen, die im Laufe der Jahre bei meinen Vollwert-Kochkursen Interesse nach weiteren Rezepten einer bodenständigen und gesunden Kost bekundeten.

Erfreulicherweise fand in den letzten Jahren ein starkes Umdenken und eine zunehmende Neuorientierung in vielen Lebensbereichen, so auch in der Ernährung, statt.
Man weiß heute, daß zu hoher Konsum von Zucker, Weißmehlerzeugnissen, tierischem Eiweiß und Fett sowie Chemikalien in den Nahrungsmitteln die Hauptursache vieler Krankheiten, insbesondere der Zivilisationskrankheiten sind. Seit Jahrhunderten waren Getreide, Gemüse, Hülsenfrüchte, Obst und Samen neben geringem Verbrauch von tierischen Produkten die Hauptnahrungsmittel der Menschen.
Auch in Kärnten wurde dieses Ernährungsmuster, vor allem bei der Landbevölkerung, weitgehend beachtet. Erst nach dem 2. Weltkrieg nahm parallel mit dem Wirtschaftsaufschwung und zunehmender Technisierung und Industrialisierung die Entfernung von der traditionellen Ernährungsweise immer mehr zu. Während man früher vorwiegend vital- und ballaststoffreiche Nahrungsmittel in Form von Vollkornbrot, Getreidespeisen, Bohnen, Linsen, Gemüse und Obst sowie naturbelassenen Milchprodukten, Eiern und wenig Fleisch zu sich nahm, ist das Verhältnis heute meist umgekehrt. Tierische Nahrungsmittel stehen an vorderster Stelle und statt komplexer Kohlehydrate aus dem ganzen Getreidekorn nehmen heute Zucker- und Weißmehlerzeugnisse eine zentrale Position in der Ernährung ein. Je mehr sich die gesundheitsschädlichen Auswirkungen eines solchen Eßverhaltens zeigen, desto mehr Menschen werden sich der Notwendigkeit einer Kostumstellung bewußt. Der Trend zurück zur Natur ist nicht mehr aufzuhalten, und immer mehr Menschen erkennen, daß unser tägliches Eßverhalten ein ganz entscheidender Beitrag zu Umweltschutz, Eigenverantwortung und Gesundheit ist.
Indem wir uns wieder der traditionellen, bodenständigen Kost unserer Vorfahren besinnen und versuchen, diese durch neue Erkenntnisse zeitgemäßer, bekömmlicher und abwechslungsreicher zu gestalten, erfüllen wir nicht nur einen kulturellen Auftrag, sondern leisten auch einen entscheidenden Beitrag zu Gesundheit, Glück und Harmonie.

In diesem Sinne wünsche ich allen, die dieses Buch zur Hand nehmen, viel Freude sowohl beim Lesen als auch beim Kochen und einen gesunden Appetit!

Im Jänner 1999 Heimo Grimm

Inhalt

12 wichtige Punkte der naturgemäßen Ernährung 12
Über den Umgang mit Gewürzen 14

Kalte Vorspeisen, Brotaufstriche und Salate 16
Gefüllte Paprika mit Kräutertopfen 16
Gemüsesulz mit Radieschensalat 17
Kalte Gurkensuppe 17
Linsenpastete 18
Salate und Salatsaucen 19
Blattsalate 19
Rohgemüsesalate 20
Gekochte Gemüsesalate 20
Milchsaures Gemüse 20
Salatsaucen 20
Topfenmayonnaise-Sauce 21
Rohkost-Vorschläge 21
Kombinierte Salate 22
Kärntner Rettichsalat 22
Kärntner Endiviensalat 22
Röhrlsalat mit Erdäpfel 22
Frühlingssalat 22
Bunte Salatschüssel 22
Vogerl- oder Spinatsalat mit Schafkäse 22
Berglinsensalat mit geräuchertem Tofu 22

Suppen 23
Bohnenrahmsuppe mit Gemüsestreifen 23
Breinsuppe mit Gemüse 23
Brennesselrahmsuppe 24
Brotsuppe „Braumeister Art“ 25
Eierschwammerlsuppe 25
Erdäpfelrahmsuppe mit Schwammerl 26
Gegendtaler Gewürzsuppe 27
Haferflockenrahmsuppe 27

Kärntner Gerstensuppe 28
Kärntner Roggenschrotsuppe 29
Knoblauchrahmsuppe 29
Krautsuppe 30
Kräuterrahmsuppe 31
Kürbisrahmsuppe 32
Linsensuppe mit Gemüsewürfeln 33
Porreerahmsuppe 33
Roggentålggnsuppe 34
Winterlicher Buchweizeneintopf 35
Winterliche Gemüsesuppe 36
Wirsingrahmsuppe 36
Klare Gemüsesuppe 37
Brotknöderl 38
Butternockerln 38
Gerstennockerln 38
Gerstenknöderl 39
Hadnnockalan (Buchweizennockerln) 39
Hirseknöderl 40
Käsenockerln 40
Kräuterkässchnittlan 41
Kräuternockerln 41
„Milzschnittlan“ 42
Spinatnockerln 42

Hauptgerichte 43
Bauerntopf 43
Bohnenstrudel mit Majoransauce 44
Erdäpfelplatteln mit Kürbiskraut 45
Gefüllte Erdäpfelrolle 46
Gefüllte Kohlblätter mit Linsen-Naturreis, Majoransaft, glasierten Rohnen und Schalotten 48
Gefüllte Kohlrabi in Petersiliensauce 49
Gegrillte Maisgrießschnitten mit buntem Schalottengemüse 51
Gerstenlaibchen mit Lustocksauce (Liebstöckelsauce) 52
Gerstenschrotbällchen in Dillrahmsauce 53

Grünkernbraten mit Thymiansauce und Rübennudeln 54
Hadnsterz (Heidensterz) 55
Heiden-Kohl-Auflauf 55
Hirse-Gemüselaibchen mit Schnittlauchsauce 57
Hirse-Kohlrauggn mit Knoblauchrahmsauce 58
Kärntner Heidennudeln 59
Kärntner Nudeln – Grundrezept 60
Kärntner Erdäpfelnudeln 61
Kärntner Kasnudeln 62
Kärntner Spinatnudeln 63
Kärntner Linsentopf 64
Kärntner Ritschert 64
Kärntner „Wildragout“ 65
Käse-Spinatspatzen mit Zwiebelrahm 66
Krautfleckalan 67
Krauttascherl 68
Lauch-Käsetorte 69
Linsenstrudel mit Sat'reisauce (Bohnenkrautsauce) 70
Lustockpolenta mit Weißkraut in Wurzelsauce 71
Rahmschwammerl mit Semmelknödel 72
Roggennockerln mit Zwiebel 73
Schwammerlknödel mit Majoranbutter 74
Spinatknödel mit Bergkäse 75
Spinattascherl in Salbeirahm 76
Schwammerlroggen oder -dinkel 77
Südkärntner Bohnentopf 78
Tålggnsterz 79
Topfenplattlan 79
Türkensterz 80
Überbackene Heidenpalatschinken mit Spinatfülle 80
Überbackene Krautpalatschinken 82
Weizen- oder Dinkellaibchen mit Egerlingsauce 83
Zwiebelfleck (Zwiebelpizza) 84

Warme Süßspeisen und Nachspeisen ... 85
Apfelcrêpes mit Nußbutter und Preiselbeeersauce ... 85
Apfelknödel mit Mostsauce ... 86
Apfelpudding mit Glühmostsauce ... 87
Apfelradln in Mostteig mit Gewürzsauce ... 88
Bratäpfel mit Mostschaum ... 89
Breinniggelen mit Himbeersauce ... 90
Dinkelpalatschinken mit Mohnfülle und Apfelsauce ... 91
Dörrzwetschkenknödel im Mandelkleid auf Grantnschaum (Preiselbeerschaum) ... 92
Gebackene Hollerblüten ... 93
Gefüllte Dampfnudeln mit Honigbutter ... 94
Gewürzapfel im Schlafrock mit Grantnsauce ... 95
Hasenöhrlan, Polsterzipfel oder Scheadlan ... 96
Heidenmehlauflauf mit Erdbeer-Johurtsauce ... 96
Holzhackerknödel auf Zwetschkenmandl ... 97
Kärntner Apfelnudeln mit Zitronenmelissen-Honigbutter ... 98
Kärntner Mohnnudeln ... 99
Kletzennudeln ... 100
Lavanttaler Türkentommele ... 100
Lebzeltnauflauf mit Bierschaum ... 101
Mohnauflauf mit Grantnschaum ... 102
Preiselbeer-Äpfel auf geeister Mandelsauce ... 103
Rohnennudeln ... 104
Schottraunkn (Topfenkrapferl) ... 104
Schwarzbeermandl mit Dinkelnockerln ... 105
Topfenknödel auf Kletzenpfeffer und Apfelmus ... 106
Topfennockerln auf Schwarzbeermandl ... 107
Topfenreinkelen (Schottreinkelen) mit Hollermandl ... 108
Zwetschken- oder Marillenknödel ... 109
Zwetschkentörtchen mit Zimtschaum ... 110

Kalte Nachspeisen ... 111
Apfel-Kletzenschaum ... 111
Äpfel mit Vanille- und schwarzer Ribiselsauce ... 111
Birnen in Gewürzgelee ... 112

Birnen in Mostschaumcreme 113
Drautaler Birnen 114
Gebirgshonigeis 114
Grantnschleck (Preiselbeercreme) 115
Gesulzte Mandelmich mit Waldbeeren 116
Haselnuß-Eistorte 117
Himbeercreme (ohne Schlagobers) 117
Himbeer- oder Erdbeertörtchen 118
Kärntner Eisreinling 119
Kastanien-Äpfel auf Vanillesauce 120
Kastaniencreme 121
Kastanienhalbgefrorenes mit Karamelsauce und Gewürzzwetschken 122
Rhabarberhalbgefrorenes mit Erdbeermark 123
Rhabarberspeise 124
Rosencreme (ohne Schlagobers) 124
Vanille-Hirsepudding mit Himbeersauce 125
Weichselspeise 126
Williamsbirne in Marzipanschaum 126

Torten, Kuchen, süßes Gebäck und Konfekt 128
Drautaler Hochzeitskrapfen 128
Feiner Marillenkuchen 129
Festliche Apfelgeleetorte 129
Fruchteier oder Fruchtkugeln 131
Hasen und Enten aus Honig-Marzipan 131
Heidenbusserl 132
Honigtaferln (Lebkuchen) 132
Heidenmehltorte 133
Kärntner Mohntorte 133
Kärntner Reinling 134
Karottentorte 135
Kürbis-Mandeltorte 136
Nuß- oder Karobekipferl 137
Nußpotize 138
Osterkranzerl 139
Ribiselschnitten 139

Schokolade-Eier aus Tålggn-Nougat 140
Schokoladetorte (Karobetorte) 141
Topfenkuchen 141
Walderdbeer-Hirsetorte 142
Weinbeer-Topfenweckerl 143
Zwetschkenfleck 144
Zwetschkenkuchen 144

Brot und Gebäck 145
Kümmel-Fladenbrot (ohne Triebmittel) 145
Leinsamenweckerl 146
Sonnenblumenkern- oder Kürbiskernbrot 146
Vollkorn-Roggenbrot (mit Spezial-Backferment) 147
Vollkorn-Dinkelsemmeln 148

Produktinformation 149
Rezepte von A bis Z 151
Empfehlenswerte Literatur 155

Tischgebet

Gottvater-Mutter,
erneuere uns mit einer
reinen Speise,
mit Tau, mit ungetötetem Gericht,
mit jenem Leben,
das wie Andacht leise und warm
wie Atem aus den Feldern bricht.

(Rainer Maria Rilke)

12 wichtige Punkte der naturgemäßen Ernährung

1.

Raffinierter Zucker, brauner Zucker oder Süßstoff finden in der Naturküche keine Verwendung. Als Ersatz eignen sich Honig, Birnendicksaft, Trockenfrüchte oder Malz. Bedenken Sie, daß auch süßes Gemüse, Obst und gut gekautes Getreide den Organismus mit natürlichem Zucker versorgen.

2.

Ersetzen Sie weiße Auszugsmehle stets durch frisch vermahlene Mehle aus Vollgetreide. Sie enthalten noch alle wertvollen Bestandteile der Randschichten und des Keimlings, wie Mineralien, Vitamine, Aminosäuren, ungesättigte Fettsäuren und Faserstoffe.

3.

Als Öle und Fette kommen ausschließlich naturbelassene, unraffinierte Öle und leicht verdauliche, ungehärtete Fette wie Butter oder Reform-Margarine in Frage (sparsam verwenden).

4.

Jede Mahlzeit sollte mindestens ein Gericht aus Vollgetreide in ganzer, geschroteter oder vermahlener Form beinhalten.

5.

Ersetzen Sie tierisches Eiweiß möglichst durch Pflanzeneiweiß (Getreide, Hülsenfrüchte, Sojaprodukte, Blattgemüse, Samen und Nüsse) und etwas Milcheiweiß. Reduzieren Sie den Eierverbrauch und verwenden Sie nur Eier von „glücklichen Hühnern" (Freilandhühnern).

6.

Vermeiden Sie alle chemisch konservierten und künstlich veränderten Lebensmittel. Nur naturbelassene und lebendige Nahrungsmittel sind noch echte Lebensmittel (Mittel zum Leben!).

7.

Achten Sie bei Getreide, Gemüse, Salat und Obst, daß sie aus naturgemäßem (biologischem) Anbau stammen. Dies gilt auch für die Rohstoffe aller Produkte, die verwendet werden.

8.

Eine echte Naturküche bedeutet auch, daß Gemüse und Obst stets aus heimischem Anbau stammen und der Jahreszeit entsprechend verwendet werden sollen.

9.

Zum Würzen nehmen Sie statt Kochsalz unraffiniertes Vollmeersalz, Kräuter, diverse vegetabile Würzmittel und die hochwertigen Sojaprodukte Miso, Shoyu und Tamari. Sehr wertvoll als Tischwürze ist auch das Sesamsalz (Gomasio).

10.

Jedes Essen sollte möglichst frisch zubereitet, Gemüse nicht aufgewärmt werden. Und vergessen Sie nicht: eine der wichtigsten Zutaten beim Kochen ist die Liebe! Auch ein einfaches Essen gewinnt durch bewußte, sorgfältige und liebevolle Zubereitung.

11.

Entscheidend für die positive Auswirkung unserer Nahrung auf unsere Gesundheit ist auch das „Wie" beim Essen. Gutes, gründliches Kauen, Freude, Harmonie und Dankbarkeit beim Essen fördern unsere Gesundheit und unser Wohlbefinden.

12.

Während des Essens sollten Sie möglichst nichts trinken. Die Verdauungssäfte werden dadurch verwässert und Blähungen begünstigt. Jedoch wird ab und zu ein Gläschen Bier, naturbelassener Wein oder Most (vergorene Getränke) nicht unbedingt schaden. Bevorzugen sollten Sie als Getränke Getreidekaffee, Kräutertees sowie Quell- und Mineralwasser.

Über den Umgang mit Gewürzen

Wie bei allen Dingen im Leben, ist gerade beim Würzen der Speisen das richtige Maß entscheidend. Zu Beginn der Umstellung von Normalkost auf Vollwertkost wird es notwendig sein, die Speisen kräftiger abzuschmecken. Der Gaumen muß sich erst allmählich an den natürlichen und milderen Geschmack der Vollwertküche gewöhnen, nachdem er von der herkömmlichen, meist fleischbetonten Ernährung empfindlich abgestumpft wurde, vor allem durch die unmäßige Verwendung von Salz, scharfen und stark aromatischen Gewürzen sowie Geschmacksverstärkern, wie sie in vielen Wurstwaren und industriellen Fertigprodukten enthalten sind.

Gesunde Kost soll auch gut schmecken – deshalb ist es empfehlenswert, gerade in der Umstellungsphase geschmacksbildende, jedoch hochwertige Hilfsmittel beim Würzen einzusetzen. Die verschiedensten aromatischen Kräuter, Hefeflocken und Hefepasten, Gemüsebrühwürfel und vegetabilen Streuwürzen eignen sich sehr gut für diesen Zweck.

Je länger man jedoch vollwertige Speisen zu sich nimmt, desto mehr wird man wieder den ursprünglichen Charakter und Geschmack unserer Lebensmittel entdecken. Biologisch angebaute, naturbelassene Getreide, Gemüse und Früchte, die beim Essen bewußt aufgenommen und gründlich gekaut werden, vermitteln einen unvergleichlichen Geschmack, wenn erst einmal unser natürliches Geschmacksempfinden wieder hergestellt und sensibilisiert wurde.

Dann wird man alle Gerichte auch so zubereiten, daß ihr Eigengeschmack, ihr Wesen, weitgehend erhalten bleibt und durch den rechten Umgang mit natürlichen Gewürzen lediglich unterstrichen, aber nicht übertönt wird. Dabei sollte immer der biologischen Wertigkeit der verwendeten Würzmittel größtes Augenmerk geschenkt werden.

Neben Vollmeersalz, heimischen Kräutern und Gewürzen, eignen sich am besten die hochwertigen Sojaprodukte Miso, Shoyu und Tamari, welche eine sinnvolle Ergänzung hinsichtlich Eiweiß und Milchsäurebakterien darstellen und auch die Nahrung besser auswerten helfen.

Gleichzeitig befreien wir uns auch von der Abhängigkeit, ständig durch Reizstoffe und Stimulanzien den Appetit übermäßig anregen zu müssen, was es uns wiederum erleichtert, das rechte Maß herauszufinden, das unserer Gesundheit zuträglich ist.

Aber auch was die Geschmacksrichtungen „sauer" und „süß" betrifft, wird man bestrebt sein, die Speisen nach und nach milder und dadurch verträglicher zu halten. Ein Salat sollte nicht mehr so sauer und ein Nachtisch nicht mehr so süß sein wie früher. Hier zeigt sich ebenfalls, daß unsere Geschmacksnerven und unser Organismus sich allmählich wieder auf das Natürliche und Vernünftige einstellen.

Je länger wir vollkommene und ausgewogene Nahrung zu uns nehmen, um so harmonischer und ausgeglichener werden wir uns fühlen.

Durch den vollkommenen Mangel
an Vernunft in der Küche
ist die Entwicklung des Menschen
am längsten aufgehalten und
am schlimmsten beeinträchtigt worden.

(Friedrich Nietzsche)

Alle Mengenangaben der nachfolgenden Rezepte sind für 4 – 5 Personen berechnet.

Kalte Vorspeisen, Brotaufstriche und Salate

Gefüllte Paprika mit Kräutertopfen

2–3 grüne Paprika • 2–3 rote Paprika • 40 g Zwiebel • 60 g Butter

250 g passierter festerer Topfen • 1 EL Sauerrahm • 1/2 TL Meersalz

1 TL Kümmel • 1 Knoblauchzehe • 1 kl. Bund Schnittlauch, feingeschnitten

1 EL gehackte Kräuter wie Keferfil (Kerbel), Basilikum, Majoran, Liebstöckel

1 EL gehackte Petersilie • 1/2 EL Paprika, edelsüß

Die Paprika waschen, von Deckeln befreien und aushöhlen. Ca. ein Drittel eines grünen und roten Paprikas in feine Würfelchen schneiden. Zwiebel feinhacken, in 20 g Butter andünsten und erkalten lassen. Die restliche weiche Butter schaumig rühren, den passierten Topfen, Sauerrahm, Meersalz, Kümmel, Knoblauch, feinwürfelig geschnittenen Paprika, Zwiebel sowie die gehackten Kräuter beigeben und gut vermischen.

Die Masse halbieren und einen Teil mit Paprikapulver vermischen. Diesen in die grünen Paprika und die zweite Masse in die roten Paprika füllen und einige Stunden kaltstellen.

Mit einem Messer, das in heißes Wasser getaucht wurde, in Scheiben schneiden und gefällig anrichten.

Habe Ehrfurcht vor der Natur
und ihrer Gabe, deiner Nahrung.

(Werner Kollath)

Gefüllte Paprika mit Kräutertopfen

Symphonie in rot-gelb-grün: Paprika

Gemüsesulz mit Radieschensalat

250 g Gemüse (z. B. Karotten, Petersilienwurzeln, Sellerie, Schwarzwurzeln, Kohlrabi, Karfiol, grüne Bohnen, Porree, kleine Erbsen)

3/8 l klare Gemüsebrühe • 1 Msp. Meersalz • 1/16 l Weißwein

1 TL Apfelessig • 1 1/3 TL Agar-Agar-Pulver oder 4 TL Agar-Agar-Flocken

1 TL Tamari • 1 EL grobgehackte Petersilie

1 Bund Radieschen • 1 Msp. Meersalz • 1 EL Apfelessig

1 EL kaltgepreßtes Sonnenblumenöl • etwas Schnittlauch

Gemüse putzen, waschen und in zentimetergroße Würferl schneiden. Das Gemüse (außer Porree und Erbsen) in der Gemüsebrühe mit 1 Msp. Meersalz ca. 10 Minuten kernigweich kochen. Nun Porree und Erbsen beigeben und noch einige Minuten weiterkochen. Inzwischen Agar-Agar in Weißwein anrühren und kurz quellen lassen. Zum Gemüse geben, nochmals aufkochen lassen und mit Apfelessig und Tamari abschmecken. Zuletzt die grobgehackte Petersilie beigeben, in Puddingform füllen und kaltstellen. Vor dem Stürzen kurz in heißes Wasser tauchen, auf Teller anrichten und mit Salatblättern und Radieschensalat garnieren. Vollkornbrot oder -weckerl dazureichen.

Für den Radieschensalat die Radieschen putzen, waschen und blättrig oder in Streifen schneiden. Mit Meersalz, Essig und Öl vermischen und mit Schnittlauch bestreuen.

Kalte Gurkensuppe

250 g Gurke • 3/4 TL Meersalz • 2 zerdrückte Knoblauchzehen

3/4 l Sauermilch • 1/4 l Sauerrahm • 2 EL kaltgepreßtes Olivenöl

1 kl. Bund Dillkraut • 2 Radieschen

Die Gurke schälen, in kleine Würferl schneiden oder raffeln. Mit Salz und zerdrücktem Knoblauch würzen, Sauermilch mit Rahm gut verschlagen und zu den Gurken geben. Vier kleine Büscherl vom Dillkraut reservieren, das restliche in kurze Streifen schneiden.

Dille und Öl zur Suppe geben, gut durchrühren und kaltstellen.
Beim Anrichten mit kleinen Dillsträußschen und Radieschenscheiben garnieren.

TIP:
Eine erfrischende Suppe an heißen Sommertagen.

Linsenpastete

160 g Linsen (mit doppelter Menge Wasser einen halben Tag eingeweicht)

3/8 l Wasser • 1 Lorbeerblatt • 1 Msp. Thymian • 1 Msp. Bohnenkraut

1 Msp. Majoran • 1 Msp. Basilikum

40 g Schalotten • 70 g Butter • 1 Knoblauchzehe • 1 Msp. Koriander

1 Msp. Neugewürz • 1 Msp. Kräutersalz • 1/3 TL Meersalz

etwas Pfeffer aus der Mühle • 1 TL Miso • 1 TL Tamari

1 EL gehackte Petersilie • 40 g Butter

Radieschen oder Tomaten, Zierpetersilie zum Garnieren

Die Linsen abgießen und mit Wasser, Lorbeerblatt und den Würzkräutern weichkochen. Lorbeerblatt entfernen und 3 EL der Linsen als Einlage beiseite geben. Schalotten feinhacken und in etwas Butter leicht anrösten. Kochsud der Linsen abseihen, beigeben, Knoblauchzehe hineindrücken und zur Gänze einkochen lassen. Zu den Linsen geben, restliche Gewürze hinzufügen und mit der Butter im Mixer (Cutter) fein pürieren.

Die beiseite gegebenen Linsen und gehackte Petersilie daruntermischen und aus der Masse auf Alufolie einen Block in Form einer kleinen Pastete formen.

In die Folie einwickeln, glattstreichen und einen Tag kaltstellen. Mit schaumig gerührter Butter oben und seitlich schön einstreichen und nochmals kaltstellen (bei Zeitmangel kurz in das Tiefkühlfach geben).

Mit nassem Messer in Scheiben schneiden, mit Radieschen oder Tomaten und Zierpetersilie garnieren.

Tip:

Die Linsenmasse kann auch in eine Schüssel gefüllt und gut durchgekühlt mittels Eßlöffel, den man vorher in heißes Wasser taucht, zu Nockerln ausgestochen werden.

Salate und Salatsaucen

Salate sind wichtige Basenbildner, enthalten reichlich Vitamine, Mineralstoffe und Ballaststoffe, regen die Produktion von Verdauungssäften an und wirken erfrischend und appetitanregend. Es ist daher vorteilhaft, sie vor dem Hauptgericht zu servieren. Aber auch als Beilage oder als Hauptgericht sind sie eine willkommene Ergänzung in der Vollwertküche.

Salate sollten möglichst der Jahreszeit entsprechen und sorgfältig zubereitet werden.

Blattsalate werden gewaschen und gut abgetropft (am besten geschleudert) immer erst unmittelbar vor dem Servieren mariniert. Naturgemäß bringt man im Sommer mehr Rohkost und Salate auf den Tisch als in der kalten Jahreszeit, in der man gelegentlich auch milchsaures Gemüse reicht.

Aus dem breiten Angebot heimischer Salate seien nachstehend einige Möglichkeiten angeführt. Besonderes Augenmerk sollte den wertvollen Wildsalaten und Wildkräutern geschenkt werden.

Blattsalate
wie Vogerlsalat (Rapunzel), Bach-, Stein-, oder Gartenkresse, Zupf- und Schnittsalat, Kopf- und Endiviensalat, Rübensalat (Triebe von weißen Rüben), junger Spinat, Lollo Rosso, Rucola, Radicchio, Zuckerhut etc.

Rohgemüsesalate
aus Rettich, Radieschen, Karotten, Weiß- und Rotkraut, Chinakohl, Gurken, Paradeiser, Paprika etc.

Gekochte Gemüsesalate
aus Erdäpfel, Strankerln (Bohnschoten), Bohnen, Linsen, Rohnen (rote Rüben), Kohl, Karfiol, Karotten, Sellerie etc.

Milchsaures Gemüse
wie Sauerkraut, saure Rüben, Karotten, Gurkerl, Rohnen, Mischgemüse etc.

Salatsaucen

Sauce I

2 EL verdünnter Apfelessig • evtl. etwas zerdrückter Knoblauch

1 TL Tamari • 3–4 EL kaltgepreßtes Öl

Sauce II

1/2 TL Reformsenf • 2 EL verdünnter Apfelessig

1 Msp. Meersalz • 3–4 EL kaltgepreßtes Öl

Sauce III

1/8 l Joghurt oder Sauermilch • 1 Msp. Meersalz

1/2 EL Apfelessig oder Zitronensaft • 2 EL kaltgepreßtes Öl

Sauce IV

1/8 l Sauerrahm • 1 Msp. Meersalz

1/2 EL Apfelessig oder Zitronensaft • 2 EL Schlagobers

Topfenmayonnaise-Sauce

100 g weicher Topfen • 2 EL Milch • 1 Msp. Meersalz

1/2 TL Reformsenf • 1 EL Apfelessig

1 EL Essig von Essiggurkerln • 4 EL kaltgepreßtes Öl

2 EL Joghurt oder Sauerrahm

Gehackte frische Kräuter werten jede Marinade auf und ermöglichen unterschiedliche Geschmacksrichtungen. Besonders eignen sich Schnittlauch, Petersilie, Basilikum, Estragon, Dille, Liebstöckel und Kerbel.

Rohkost-Vorschläge

Karotten mit etwas Apfel geraffelt, Apfelessig, Honig, Meersalz, kaltgepreßtes Öl. Mit Sonnenblumenkernen bestreuen.

Sellerie mit Apfel in feine Streifen geschnitten, mit Meersalz, etwas Honig, Topfenmayonnaise und Rahm vermischt und grobgehackten Nüssen bestreuen.

Rote Rüben und schwarzer Rettich gerieben, mit Meersalz, Sauerrahm, Kümmel und etwas Apfelessig.

Kohlrabi und Radieschen in feine Streifen geschnitten oder geraffelt, mit Schlagobers, Apfelessig, Meersalz, kaltgepreßtem Öl und Petersilie vermischen.

Zucchinistreifen mit Tomatenwürfeln, Weinessig, Meersalz, Basilikum, Oregano, Petersilie, etwas Knoblauch und kaltgepreßtem Olivenöl.

Sauerkraut mit Würfeln von Zwiebel, rotem und grünem Paprika, Apfel und etwas kaltgepreßtem Öl. Mit Joghurt garnieren.

Saure Rüben mit Kümmel, Sauerrahm und Obers.

Kombinierte Salate

Kärntner Rettichsalat
Schwarzer Rettich geraffelt, mit gekochten, weißen Bohnen, Meersalz, Kümmel, Apfelessig und Sauerrahm.

Kärntner Endiviensalat
In Streifen geschnitten, mit gekochten, dünnblättrig geschnittenen Erdäpfeln, Meersalz, Knoblauch, Apfelessig und kaltgepreßtem Öl vermengt.

Röhrlsalat (Löwenzahn) mit Erdäpfel
Wie Endiviensalat.

Frühlingssalat
Zupfsalat, Vogerlsalat, Röhrlsalat, Kresse, junge Brennesselspitzen, Taubnesseln, Schmalzblattln, Gänseblümchenblätter, Bärlauch, Sauerampfer, Schafgarbe, feingeschnittene Frühlingszwiebel.
Mit Salatsauce abmachen und Radieschenscheiben, Kerbel, Schnittlauch und einigen Gänseblümchen bestreuen.

Bunte Salatschüssel
Blattsalate und in Scheibchen bzw. Streifen geschnittenes Rohgemüse der Saison mit beliebiger Salatsauce abmachen. In Schüssel anrichten und mit frischen Kräutern, Radieschenscheiben, Tomateneckerln, Kürbiskernen und evtl. Eischeiben garnieren.

Vogerl- oder Spinatsalat mit Schafkäse
Vogerlsalat oder jungen Spinat mit Salatsauce anrichten, mit Würfelchen von Schafkäse, geröstetem Vollkornbrot und Schnittlauch bestreuen.

Berglinsensalat mit geräuchertem Tofu
Eingeweichte Linsen in Salzwasser kochen. Mit feingehackten Schalotten, Tamari, etwas Knoblauch, Apfelessig, Kernöl und Majoran abmachen. Auf Teller anrichten, mit Vogerlsalat oder Kresse garnieren und mit dünnen Scheibchen von geräuchertem Tofu umlegen.

Suppen

Bohnenrahmsuppe mit Gemüsestreifen

160 g weiße Bohnen (über Nacht einweichen) • 3/4 l Wasser

40 g Zwiebel • 1/2 Lorbeerblatt • je 1 Msp. Thymian und Bohnenkraut

30 g Karotte • 30 g Sellerie • 30 g Lauch • 1/2 EL Butter • 1/8 l Wasser

1 kleine Knoblauchzehe • 1/2 Gemüsebrühwürfel • Meersalz

Shoyu oder Tamari • 1/16 l Obers • 1 EL gehackte Petersilie

evtl. geröstete Vollkornbrotwürfel oder -streifen

Bohnen über Nacht einweichen. Einweichwasser abgießen und mit 3/4 l Wasser weichkochen. Zur halben Garzeit kleingeschnittene Zwiebel, Lorbeer, Thymian und Bohnenkraut beigeben. Inzwischen Wurzelgemüse in feine Streifen (Julienne) schneiden, in der Butter anschwitzen, mit 1/8 l Wasser aufgießen, mit zerdrücktem Knoblauch und Gemüsebrühwürfel würzen und einige Minuten kernigweich kochen. Die Bohnen mit dem Kochwasser im Mixer fein pürieren (vorher Lorbeerblatt entfernen). Gemüsestreifen mit Kochsud zur Suppe geben, aufkochen lassen, mit Salz und Shoyu oder Tamari würzen und mit dem Obers verfeinern. Anrichten und mit gehackter Petersilie bestreuen. Evtl. geröstete Vollkornbrotwürfel oder -streifen dazureichen.

Breinsuppe mit Gemüse

40 g Zwiebel • 1 EL Butter • 60 g Hirse • 40 g Karotte • 40 g Sellerie

20 g Petersilienwurzel • 40 g kleine Karfiolröschen • 1 l Wasser

1/2 Gemüsebrühwürfel • 1 Msp. Meersalz • 1/2 Lorbeerblatt

etwas geriebene Muskatnuß • 20 g Lauch • 40 g Erbsen

etwas Shoyu • 1 EL Hefeflocken • 1 EL gehackte Petersilie

Karotte, Sellerie und Petersilienwurzel kleinwürfelig schneiden. Zwiebel feinhacken und in Butter anlaufen lassen, Hirse beigeben und beides hell rösten, Gemüsewürfeln kurz mitrösten, mit Wasser aufgießen, Karfiolröschen, Suppenwürfel und Gewürze beigeben und 15 Minuten leicht kochen lassen.

Den in kleine Fleckerl geschnittenen Lauch und die Erbsen hinzufügen und die Suppe nach weiteren 5 Minuten Kochzeit mit Shoyu abschmecken.

Anrichten und mit Hefeflocken und gehackter Petersilie bestreuen.

Brennesselrahmsuppe

200 g Brennesseln (ca. 4 Fäuste voll) • 1 l Wasser

30 g Schalotten oder Zwiebel, feingehackt • 30 g Butter

30 g Dinkelmehl • 1 zerdrückte Knoblauchzehe

1/2 Gemüsebrühwürfel • Meersalz • Muskatnuß • 1 dl Obers

4 EL Vollkornbrotwürfel in 1 TL Butter geröstet

Brennesseln waschen, in kochendem Wasser blanchieren (kurz überkochen) und abseihen (Sud aufheben). Schalotten oder Zwiebel in Butter anschwitzen, mit Dinkelmehl stauben und mit dem Brennesselsud aufgießen, 10 Minuten kochen lassen, Gewürze beigeben und mit zwei Dritteln der Brennessel im Mixglas fein pürieren. Restliche Brennessel fein hakken und zur Suppe geben. Nochmals aufkochen, mit Obers verfeinern und abschmecken.

Anrichten, je 1 Löfferl Schlagobers auf die Suppe setzen und mit gerösteten Vollkornbrotwürfeln bestreuen.

Mehr Menschen als das Schwert tötet der Fraß.

(Galen, griechischer Arzt)

Brotsuppe „Braumeister Art“

50 g Zwiebel, kleinwürfelig geschnitten • 1 Knoblauchzehe, feingehackt
1 EL Öl • 1/2 EL Butter
120 g Roggenvollkornbrot, kleinwürfelig geschnitten und im Rohr gebäht
oder 60 g harte Brotreste, gerieben • 1 l klare Gemüsesuppe
1 Msp. Bohnenkraut • 1/2 TL Kümmel mit 1/2 TL Wasser gehackt
1/8 l helles Bier • Tamari oder Shoyu

1 EL Bierhefeflocken • 60 g Roggenvollkornbrotwürfel (im Rohr geröstet)
1 EL feingeschnittener Schnittlauch

Zwiebel und Knoblauch in Öl und Butter leicht anrösten, Würfel oder Brösel aus Roggenvollkornbrot beigeben, mit der klaren Gemüsesuppe aufgießen, Bohnenkraut und Kümmel beigeben und 15 Minuten kochen lassen. Mit dem Schneebesen gut durchrühren, das Bier beigeben und mit Tamari oder Shoyu abschmecken.

Anrichten und mit Bierhefeflocken, gerösteten Brotwürfeln und frischgeschnittenem Schnittlauch bestreuen.

Eierschwammerlsuppe

1 EL Öl • 1/2 EL Butter • 60 g Zwiebel • 250 g Eierschwammerl
120 g Erdäpfel • 3/4 l Gemüsesud • 1 Knoblauchzehe, zerdrückt
1 Zweigerl Thymian • 1/2 TL Majoran • 1 kleines Lorbeerblatt
1/2 TL Hefepaste • 2 EL Dinkelmehl • 1/16 l Wasser
1/16 l Sauerrahm • 1/16 l Obers • 1/2 TL Meersalz
Shoyu oder Tamari • 2 EL gehackte Petersilie

Die Zwiebel kleinwürfelig schneiden und in Öl oder Butter goldgelb rösten. Die geputzen, gewaschenen und zerkleinerten (grobgehackten) Eierschwammerl beigeben und kurz dünsten. Die kleinwürfelig geschnittenen Erdäpfel und die Gewürze beigeben und mit dem Gemüsesud aufgießen. Ca. eine Viertelstunde garkochen. Das Dinkelmehl mit dem Wasser glattrühren, einkochen und noch einige Minuten köcheln lassen. Sauerrahm mit Obers verschlagen und zur Hälfte in die Suppe einrühren.

Mit Meersalz und Shoyu oder Tamari abschmecken und 1 EL Petersilie beigeben. Auf der angerichteten Suppe übrigen Rahm verteilen und mit restlicher Petersilie bestreuen.

Erdäpfelrahmsuppe mit Schwammerl

250 g Erdäpfel (mehlige Sorte) • 50 g Lauch • 1 EL Butter • 3/4 l Gemüsesud

etwas Meersalz • 1 Lorbeerblatt • 1 zerdrückte Knoblauchzehe

etwas Lustock (Liebstöckel), Majoran, Salbei und Bohnenkraut • 1 EL Öl

1 EL feingehackte Schalotten • 200 g Eierschwammerl oder andere Pilze

etwas Meersalz • 1 Msp. Hefepaste • Muskatnuß gerieben • 1/16 l Schlagobers

1/16 l Sauerrahm • Shoyu nach Geschmack • 1 EL gehackte Petersilie

Die Erdäpfel waschen, gut bürsten oder dünn schälen und in Würfel schneiden. Den kleingeschnittenen Lauch in Butter andünsten, Erdäpfel beigeben und mit Gemüsesud aufgießen. Mit den Gewürzen ca. 15 Minuten weichkochen. Lorbeerblatt herausnehmen und die Suppe im Mixglas pürieren.

Die Schwammerl putzen, waschen und kleinschneiden. Feingehackte Schalotten in Öl anschwitzen, Schwammerl beigeben, salzen, dünsten und zur Suppe geben, mit Hefepaste und Muskat würzen und nochmals aufkochen lassen. Schlagobers und Sauerrahm gut verrühren, die Hälfte davon in die Suppe einrühren und diese mit Shoyu abschmecken.

Anrichten, den restlichen Rahm auf der Suppe verteilen und mit Petersilie bestreuen.

Gegendtaler Gewürzsuppe (Kirchtagsuppe)

3/4 l klare, kräftige Gemüsesuppe • 1/4 l Wasser • 40 g Schalotten
4 Gewürznelken • 4 Pimentkörner • 1 Knoblauchzehe • 1 Lorbeerblatt
1/3 TL Fenchel • 1/3 TL Koriander • 1/2 TL Majoran • 1 Salbeiblatt
1 Msp. Rosmarin • 1 Msp.–1 TL Safranfäden (je nach Qualität)
etwas Gundelrebe und Lustock (Liebstöckel) • 2 EL Dinkelmehl • 1/16 l Wasser

1/8 l Sauerrahm • 1/16 l Obers • 1 Eigelb
etwas vegetabile Streuwürze • etwas Muskatnuß

2 Scheiben Vollkornbrot in Würfel geschnitten und in 1 EL Butter geröstet

Klare Gemüsesuppe (lt. Rezept) bereiten. Gewürze mit 1/4 l Wasser 20 Minuten zugedeckt auskochen, und Sud zur fertigen Suppe seihen (gut ausdrücken). Mehl mit dem Wasser glattrühren, die Suppe damit binden und noch einige Minuten kochen lassen. Sauerrahm, Obers und Eigelb verschlagen und in die Suppe einrühren. Sie soll nicht mehr kochen. Mit Streuwürze und Muskatnuß abschmecken.

Die angerichtete Suppe mit den gerösteten Vollkornbrotwürfeln bestreuen

Haferflockenrahmsuppe

2 EL Öl • 40 g Zwiebel • 40 g Karotte • 40 g Sellerie
40 g Haferflocken, kleinblättrig • 3/4 l Wasser • 1/2 Gemüsebrühwürfel
2 Msp. Meersalz • 1/2 Lorbeerblatt • 1 Msp. Muskatnuß, gerieben
40 g Porree • 3/16 l Milch • 1/16 l Obers • 2 TL Hefeflocken
1 EL Petersilie, gehackt

Zwiebel feinhacken und in Öl anschwitzen, Karotte und Sellerie mit Rohkostreibe reiben und mitanschwitzen, Haferflocken beigeben, kurz durchrösten, mit Wasser aufgießen, Gewürze beigeben und unter öfterem Umrühren 20 Minuten leicht kochen lassen. Porree feinwürfelig schneiden und 5 Minuten mitkochen. Die Suppe mit Milch und Obers vollenden und nochmals aufkochen lassen.

Anrichten und mit Hefeflocken und gehackter Petersilie bestreuen.

Kärntner Gerstensuppe

30 g kleine weiße Bohnen • 60 g Gerste • 50 g Karotte • 50 g Sellerie

30 g Petersilienwurzel • 30 g Porree • 40 g Zwiebel • 1 EL Öl

3/4 l Wasser • 1 Knoblauchzehe • 1 Lorbeerblatt • 2 Wacholderbeeren

4 Pfefferkörner • etwas Lustock (Liebstöckel), Thymian, Salbei, Gundelrebe,

Selleriegrün und Petersilienstengel • 1/2 Gemüsebrühwürfel • 1 EL Shoyu

etwas Meersalz • 1 EL gehackte Petersilie • 1 TL gehackter Lustock (Liebstöckel)

Bohnen und Gerste kurz waschen und mit dreifacher Menge Wasser über Nacht einweichen. Mit dem Einweichwasser und 1/4 l Wasser im Drucktopf bei Unterdruck 45 Minuten kochen. Inzwischen das Wurzelwerk sauber waschen und dünn schälen. Die Schalen mit den Gewürzen und Kräutern in 1/2 l Wasser 20 Minuten auskochen und abseihen. Zwiebel, Karotte, Sellerie und Petersilienwurzel kleinwürfelig schneiden und in Öl andünsten, mit dem Gemüse-Kräutersud und dem Gemüsebrühwürfel zu Bohnen und Gerste geben, 15 Minuten leicht kochen lassen. Dann den in kleine Fleckerl geschnittenen Porree beigeben. Nach einigen weiteren Minuten Kochzeit mit Shoyu abschmecken.

Anrichten und mit gehackter Petersilie bestreuen.

Im Korn ist Leben,
Leben,
das Leben erhält.

Kärntner Roggenschrotsuppe

40 g Linsen • 80 g Roggen, grob geschrotet • 40 g Zwiebel • 40 g Karotte

40 g Sellerie • 20 g Petersilienwurzel • 20 g Porree • 2 EL Öl

3/4 l Wasser • 1/2 TL Meersalz • 1 Knoblauchzehe • 1 Lorbeerblatt

Lustock (Liebstöckel), Thymian, Salbei, Gundelrebe, Selleriegrün

1/2 Gemüsebrühwürfel oder 1 TL Hefepaste

Shoyu • etwas gehackte Petersilie

Linsen waschen, mit dreifacher Menge Wasser (evtl. einige Stunden eingeweicht) weichkochen. Wasser mit Meersalz aufkochen, Roggenschrot einrieseln lassen und unter öfterem Umrühren eine Viertelstunde kochen. Inzwischen Zwiebel und Wurzelgemüse kleinwürfelig schneiden, in Öl anschwitzen und zur Suppe geben, Gewürze beigeben und eine weitere Viertelstunde langsam weiterkochen. Zuletzt die Linsen mit dem Kochsud zur Suppe geben, mit Shoyu abschmecken und beim Anreichten mit gehackter Petersilie bestreuen.

Knoblauchrahmsuppe

80 g Zwiebeln • 4–6 Knoblauchzehen • 1 EL Öl • 1/2 EL Butter

2 EL Dinkelmehl • 3/4 l Gemüsebrühe • 4 cl Weißwein

je 1 Msp. Bohnenkraut, Lustock (Liebstöckel) und Thymian

1/2 Lorbeerblatt

1/16 l Obers • 1/16 l Sauerrahm • 1 Dotter • Meersalz • Shoyu

1 Prise geriebene Muskatnuß

100 g geröstete Vollkornbrotwürfel

Zwiebeln kleinwürfelig schneiden, in Öl und Butter leicht anrösten, die kleingehackten Knoblauchzehen kurz mitrösten, mit dem Mehl stauben und der Gemüsebrühe und dem Weißwein aufgießen. Gut verrühren, Gewürze beigeben und zehn Minuten leicht kochen lassen. Die Suppe mit Stabmixer oder im Mixglas aufmixen.

Obers mit Sauerrahm und Dotter verschlagen und einrühren. Die Suppe soll nun nicht mehr kochen. Mit Meersalz, Shoyu und geriebener Muskatnuß abschmecken. Anrichten und die gerösteten Vollkornbrotwürfel auf die Suppe geben.

Krautsuppe

30 g Öl • 80 g Zwiebeln • 250 g Weißkraut • 25 g Dinkelmehl

1/16 l Weißwein • 3/4 l Wasser • 1/2 TL Meersalz • 1/2 Gemüsebrühwürfel

1/2 TL Kümmel • 1 Knoblauchzehe, zerdrückt • 1 Lorbeerblatt

1/2 TL Bohnenkraut • 1/2 TL Majoran • etwas Pfeffer aus der Mühle

160 g Erdäpfel

1 TL Miso • 1 TL Tamari • 1/16 l heißes Wasser

2 EL Sauerrahm • 1/2 EL gehackte Petersilie • 4 Prisen Paprika, edelsüß

Die Zwiebeln kleinwürfelig schneiden und in Öl leicht anrösten. Das in kürzere Streifen geschnittene Kraut beigeben und kurz andünsten. Mit dem Mehl stauben und etwas mitrösten. Dann mit Weißwein und Wasser aufgießen, unter Rühren aufkochen lassen und Gewürze beigeben. Nach 20 Minuten Kochzeit die geschälten, in zentimetergroße Würfel geschnittenen Erdäpfel beigeben und weitere 20 Minuten leicht kochen lassen. Zuletzt Miso mit Tamari und heißem Wasser glattrühren und zur Suppe geben. Sie sollte nun nicht mehr kochen, da sonst die wertvollen Enzyme der Sojapaste und der Sojasauce verlorengehen.

Die angerichtete Suppe mit dem glattgerührten Sauerrahm, der gehackten Petersilie und dem edelsüßen Paprika garnieren.

Kräuterrahmsuppe

$^1/_4$ kg Erdäpfel (mehlige Sorte) • 40 g Schalotten oder Zwiebel • 1 EL Butter

1 l Gemüsesud • etwas Meersalz • etwas Muskatnuß gerieben

Shoyu oder vegetabile Streuwürze

1 Bund frisches Gewürzkraut wie z. B. Basilikum, Bohnenkraut, Dille,

Kerbel, Liebstöckel, Majoran, Schnittlauch, Thymian etc.

$^1/_2$ EL Butter • $^1/_8$ l Obers oder $^1/_{16}$ l Milch und $^1/_{16}$ l Obers

evtl. geröstete Vollkornbrotwürfel

Die Erdäpfel dünn schälen und kleinwürfelig schneiden. Feingeschnittene Schalotten oder Zwiebel in Butter andünsten, Erdäpfel beigeben und mit Gemüsesud aufgießen. Mit Meersalz würzen und ca. 15 Minuten weichkochen. Die Suppe im Mixglas fein pürieren und nochmals aufkochen lassen. Das Gewürzkraut entstielen und etwas zum Garnieren der Suppe beiseite geben. Die Stiele können in der Suppe mitgekocht und vor dem Mixen entfernt werden.

Kräutl hacken bzw. junge Blätter ganz lassen, in der Butter kurz anschwitzen und zur Suppe geben. Mit Muskatnuß, Shoyu oder Streuwürze abschmecken und mit $^1/_{16}$ l Obers verfeinern.

Restliches Obers zu Schlag schlagen, auf der angerichteten Suppe verteilen und mit frischem Kräutl garnieren. Eventuell geröstete Vollkornbrotwürfel dazureichen.

Es sollte möglichst nur ein bestimmtes Kräutl verwendet werden, das dann der Suppe den charakteristischen Geschmack und den Namen gibt (z. B. Basilikumsuppe).

Kürbisrahmsuppe

400 g gelbes Kürbisfruchtfleisch (ca. 600 g Kürbis im Ganzen) • 100 g Zwiebeln

20 g Butter • 1/16 l Weißwein, naturbelassen • 1/2 l Wasser

1 Gemüsebrühwürfel • 1/2 TL Meersalz • 1/2 TL gehackter Kümmel

1/8 l Milch • 1/16 l Obers • Tamari oder Shoyu

2 EL Sauerrahm • 2 EL Obers • 2 EL Kürbiskerne

Das Kürbisfruchtfleisch würfelig schneiden. Feinwürfelig geschnittene Zwiebeln in der Butter anlaufen lassen, Kürbis beigeben und beides kurz anrösten, mit Weißwein ablöschen und Wasser aufgießen, Gemüsebrühwürfel, Meersalz und Kümmel beigeben und 20 Minuten kochen lassen. Im Mixer fein pürieren, Milch beigeben, nochmals aufkochen, mit Obers verfeinern und etwas Tamari oder Shoyu abschmecken. Kürbiskerne stiftelig schneiden und trocken in einer Pfanne oder im Backrohr hellbraun rösten.

Sauerrahm mit Obers verschlagen und auf der angerichteten Suppe verteilen. Mit den gerösteten Kürbisstiften bestreuen.

Tip:

Besonders fein und süßlich schmeckt die Suppe aus dem kleinen, orangefarbenen Hokkaido-Kürbis, der ein festes, karottengelbes Fleisch besitzt, besonders lange haltbar ist und auch in Kärnten angebaut wird. Statt der Kürbiskerne könnte man auch geröstete Vollkornbrotwürfel auf die Suppe geben.

Ernährung ist nicht das Höchste im Leben, aber sie schafft den Nährboden, auf dem das Höchste gedeihen oder verderben kann.

(Max Bircher-Benner)

KÜRBISRAHMSUPPE

Kürbisse vom Bauernmarkt

Linsensuppe mit Gemüsewürfeln

160 g Linsen • 1 l Wasser • 1 Lorbeerblatt • 2 EL Dinkel, fein gemahlen

60 g Zwiebel • 40 g Karotte • 40 g Sellerie • 20 g Petersilienwurzeln

1 EL Öl • 1/4 l Gemüsebrühe • 1 Knoblauchzehe, zerdrückt

etwas Thymian, Majoran und Lustock (Liebstöckel)

1/3 TL Meersalz • etwas Pfeffer aus der Mühle • 1/2 EL Miso

1 EL gehackte Petersilie • Tamari

Die Linsen waschen und mit 1 l Wasser einige Stunden einweichen (nicht unbedingt erforderlich). Mit dem Lorbeerblatt weichkochen. Feingemahlenen Dinkel trocken hellbraun rösten und abkühlen lassen. Die Zwiebel und das Wurzelgemüse kleinwürfelig schneiden, in Öl anrösten, mit der Gemüsebrühe aufgießen, Gewürze beigeben und ca. 10 Minuten nicht zu weich kochen. Das mit etwas abgekühltem Linsensud glattgerührte Dinkelmehl einrühren und alles zu den Linsen geben. Noch einige Minuten köcheln lassen. Nun Miso mit etwas Suppe verrühren und beigeben. Zuletzt die gehackte Petersilie hinzufügen und mit Tamari abschmecken.

Porreerahmsuppe

250 g Porree (Lauch) • 40 g Butter • 30 g Dinkelmehl

3/4 l Wasser und 1/2 Gemüsebrühwürfel oder Gemüsebrühe

etwas geriebene Muskatnuß • 1/8 l Milch • etwas Meersalz

4 EL Obers

Porree putzen, längs halbieren, sauber waschen und ein Viertel davon (hellgrünes Mittelstück) für die Einlage in Fleckerl schneiden. In 10 g Butter anschwitzen, etwas Wasser und 1 Prise Meersalz beigeben, 2 Minuten dünsten und beiseite stellen. Restlichen Porree in

Stückchen schneiden, in Butter andünsten, mit Dinkelmehl stauben, kurz anschwitzen, mit Wasser aufgießen, Gewürze beigeben und 10 Minuten kochen lassen. Milch hinzufügen und im Mixglas fein pürieren. Mit der Einlage nochmals aufkochen.

In Suppentassen oder -teller je 1 EL Obers geben und die Suppe darauf anrichten.

Roggentålggnsuppe

80 g Roggentålggn, grob geschrotet • 40 g Zwiebel • 1 EL Öl

1 l Wasser • 1 Knoblauchzehe, zerdrückt • 1 Msp. Meersalz

1/2 Gemüsebrühwürfel • 1/2 TL Kümmel, gehackt

1/2 Lorbeerblatt • 1/2 TL Liebstöckel

Tamari • Hefeflocken • Schnittlauch

Ganze Roggentålggn in der Getreidemühle grob schroten. Zwiebel feinwürfelig schneiden und in Öl anschwitzen. Tålggnschrot kurz mitrösten, mit Wasser aufgießen, Gewürze beigeben und ca. 40 Minuten zugedeckt leicht kochen lassen. Mit Tamari abschmecken.

Anrichten und mit etwas Hefeflocken und frischgeschnittenem Schnittlauch bestreuen.

Diese Suppe erhält durch den Roggentålggn ihren eigenartigen würzigen Geschmack, welcher durch die beigegebenen Kräuter unterstrichen wird. Zusätzliche Würzkräuter würden den Eigengeschmack eher überdecken.

Wenn du Brot ißest,
so wird es Dich tragen;
wenn Du aber Fleisch ißest,
so bist Du der Träger.

(Indisches Sprichwort)

Winterlicher Buchweizeneintopf

60 g Linsen (waschen und über Nacht mit dreifacher Menge Wasser einweichen)

2 EL Öl • 60 g Zwiebel • 140 g Heiden (Buchweizen) • 80 g Karotten

40 g Sellerie • 40 g weiße Rüben • 40 g Kohl • 40 g Porree

1 l Wasser • 1–2 zerdrückte Knoblauchzehen • 1 Lorbeerblatt

1/2 TL Thymian • 1/2 TL Bohnenkraut • 1/2 TL Majoran

1/2 TL Lustock (Liebstöckel) • 1 TL gehacktes Selleriegrün

1/2 Gemüsebrühwürfel • 1/2 TL Meersalz

etwas Tamari • 1 EL gehackte Petersilie

Die Linsen mit dem Einweichwasser 15 Minuten vorkochen. Kleingewürfelte Zwiebeln in Öl anlaufen lassen. Heiden kurz mitrösten, mit 1 l Wasser aufgießen und zum Kochen bringen.

Gemüse (außer Porree) in zentimetergroße Würfel schneiden und mit den Gewürzen und den vorgekochten Linsen (mit Kochsud) zum Heiden geben. Zugedeckt 20 Minuten leicht kochen lassen und die letzten 5 Minuten in Fleckerl geschnittenen Porree mitkochen. Mit Tamari abschmecken und beim Anrichten mit gehackter Petersilie bestreuen.

Tip:

Den Eintopf nach Fertigstellung bald servieren, damit der Buchweizen nicht mehr aufquillt und „gatschig“ wird.

Die meisten Menschen graben sich ihr Grab mit den Zähnen.

(Pharao Amenophis IV.)

Winterliche Gemüsesuppe

40 g kleine Bohnen, mit dreifacher Menge Wasser über Nacht eingeweicht

1/4 l Wasser • 250 g winterliches Gemüse (Karotten, Sellerie, Petersilienwurzeln, weiße Rüben, Kohl, Porree) • 40 g Zwiebel

30 g Butter • 30 g Dinkelmehl • 3/4 l Wasser • 1/3 TL Meersalz

1/2 Gemüsebrühwürfel • 1 Msp. Bohnenkraut • 1/2 Lorbeerblatt

1 TL Miso • 2 EL Wasser

1 EL gehackte Petersilie • 1 EL Hefeflocken

Bohnen abgießen und mit Wasser weichkochen. Gemüse (außer Porree) in zentimetergroße Würfel schneiden. Zwiebel kleinwürfelig schneiden und in Butter anlaufen lassen. Gemüse darin kurz anschwitzen, mit Dinkelmehl stauben und Wasser aufgießen. Gewürze beigeben und 20 Minuten leicht kochen lassen. Nun den Porree in zentimetergroße Fleckerl schneiden und mit den Bohnen beigeben. Noch 5 Minuten kochen lassen, Miso mit Wasser anrühren und beigeben.

Anrichten und mit Petersilie und Hefeflocken bestreuen.

Wirsingrahmsuppe

250 g grüner Wirsing • 3/4 l Wasser • 40 g Zwiebeln • 30 g Butter

20 g (2 EL) Dinkelmehl • 1/2 TL Meersalz • 1/2 Gemüsebrühwürfel

1 kleine Knoblauchzehe • 2 Petersilienstengel • 1/8 l Milch

etwas Muskatnuß • etwas Pfeffer aus der Mühle oder Ingwer

4 cl Obers

Evtl. etwas vegetabile Streuwürze

Wirsing waschen und als Einlage ein Viertel davon in kurze Streifen schneiden. Mit 1/8 l Wasser und 1 Msp. Meersalz einige Minuten kernigweich kochen. Restlichen Wirsing klein schneiden, mit 3/4 l Wasser und etwas Salz weichkochen und abseihen (Sud aufheben). Zwiebeln kleinwürfelig schneiden, in Butter anschwitzen, mit dem Dinkelmehl stauben und dem Wirsingsud aufgießen. Gewürze, zerdrückten Knoblauch, zerkleinerte Petersilienstengel hinzufügen und die Suppe ca. 10 Minuten kochen lassen. Mit dem abgekochten Kohl im Mixer fein pürieren, Milch und Wirsingstreifen mit Kochsud beigeben, nochmals aufkochen lassen, mit Obers verfeinern und evtl. mit etwas Streuwürze abschmecken. Eventuell dünngeschnittene, geröstete Vollkornbrotscheibchen dazureichen.

Statt Wasser und Gemüsebrühwürfel kann man natürlich auch eine Gemüsebrühe verwenden.

Klare Gemüsesuppe

(Gemüsebrühe, Gemüsebouillon)

250 g gut gesäubertes, kleingeschnittenes Gemüse und (oder) Schalen und Anschnitte von: Karotten, Petersilienwurzeln, Sellerie, Kohlrabi, weiße Rüben, Porree, Strunk und etwas Blätter vom Kohl, Weißkraut, Karfiol

1/2 Zwiebel mit Schale (leicht gebräunt) • 1 Knoblauchzehe • 1 1/4 l Wasser

Petersilienstengel, Zellergrün (Selleriegrün)

etwas Basilikum, Lustock (Liebstöckel), Gundelrebe, Rosmarin

2 Wacholderbeeren • 1 Lorbeerblatt • einige Korianderkörner

evtl. etwas Muskatblüte • je 1 Prise Safran, Muskatnuß, Ingwer, Anis

1/2 Gemüsebrühwürfel

Tamari oder Shoyu • etwas Meersalz

Gemüse, Zwiebel, Knoblauchzehe mit kaltem Wasser zustellen. Suppenkräuter und Gewürze beigeben. Eine halbe Stunde zugedeckt leicht sieden lassen. Gemüsebrühwürfel darin auflösen und abseihen. Mit Tamari oder Shoyu und etwas Meersalz abschmecken.

Tip:

Zur perfekten Rindsuppenimitation können der fertigen Suppe noch durch etwas kaltgepreßtes Sonnenblumenöl schöne Goldaugen verliehen werden.

Brotknöderl

50 g entrindetes Vollkornbrot • 2 EL Wasser • 20 g weiche Butter • 1 Ei

1 Prise Meersalz • 25 g Vollkornbrösel • 1/2 EL gehackte Petersilie

Das entrindete Vollkornbrot in kleine Würfel schneiden und mit dem Wasser befeuchten. Butter mit dem Ei und einer Prise Meersalz schaumig rühren. Die vorbereiteten Brotwürfel sowie Vollkornbrösel und gehackte Petersilie beigeben und gut durchmischen. Masse eine halbe Stunde kaltstellen und daraus 12 kleine Knöderl formen. In Salzwasser einkochen und 8 Minuten leicht sieden lassen. Mit Gemüsebrühe anrichten und mit Schnittlauch bestreuen.

Die Brotknöderl können auch direkt in die Suppe eingekocht werden.

Butternockerln

30 g weiche Butter • 1 Msp. Meersalz • 1 Prise Muskatnuß

1 Ei • 60 g Dinkel, feingemahlen

Butter mit Meersalz und Muskatnuß schaumig rühren, das Ei (erst den Dotter und später das Eiklar) beigeben und weiter schaumig rühren. Frischgemahlenen Dinkel unterrühren und die Masse eine Stunde kaltstellen. Mit nassem Löffel 8 Nockerln abstechen und in siedendes Salzwasser oder direkt in die fertige Suppe geben. 15 Minuten ziehen lassen.

Gerstennockerln

20 g weiche Butter • 1 Ei (60 g) • 1 Prise Meersalz

1 Prise Muskatnuß • 50 g Gerste, mittelfein gemahlen

Butter mit dem Ei (erst den Dotter, später das Eiklar beigeben), Meersalz und Muskatnuß mit Schneebesen schaumig rühren, frischgemahlene Gerste mit Kochlöffel untermengen. Die Masse für eine Stunde in den Kühlschrank stellen. Mit nassem Löffel Nockerln abstechen und in die kochende, abgeschmeckte Gemüsebouillon oder Salzwasser einlegen, 15 Minuten zugedeckt ziehen lassen.

Gerstenknöderl

60 g Gerste, mittelgrob geschrotet • 1/8 l Wasser • 1 Msp. Hefepaste

25 g Butter • 1 Ei • 1 Msp. Meersalz • 1 Prise Muskatnuß

25 g Gerste, feingemahlen • 1/2 EL gehackte Petersilie

Wasser mit Hefepaste aufkochen, Gerstenschrot einrühren und unter öfterem Umrühren 20 Minuten zugedeckt dünsten.

Weiche Butter mit dem Ei und den Gewürzen schaumig rühren, überkühlte Gerste, Gerstenmehl und Petersilie beigeben und gut vermischen. Die Masse eine Stunde kaltstellen, zu 12 Knöderln formen, in kochendes Salzwasser oder direkt in die fertige Suppe geben und 12 Minuten sieden lassen.

Hadnnockalan (Buchweizennockerln)

20 g weiche Butter • 1 Ei (60 g) • 1 Prise Meersalz

1 Prise Muskatnuß • 50 g Buchweizen, mittelfein gemahlen

Butter mit dem Ei (erst den Dotter, später das Eiklar beigeben), Meersalz und Muskatnuß schaumig rühren, frischgemahlenen Buchweizen untermengen. Die Masse für eine Stunde in den Kühlschrank stellen. Mit nassem Löffel Nockerln abstechen und in die kochende, abgeschmeckte Gemüsebouillon oder Salzwasser einlegen. 15 Minuten zugedeckt ziehen lassen.

Hirseknöderl

50 g Hirse • 1 dl Wasser

oder 150 g gedünstete Hirse

10 g weiche Butter • 1 Ei • 20 g Dinkelmehl • 1/2 EL gehackte Petersilie

1 Msp. Meersalz • etwas Muskatnuß • Schnittlauch

Wasser aufkochen, Hirse einrieseln lassen und zugedeckt bei mäßiger Hitze weichdünsten (20 Minuten). Aufgabeln und abkühlen lassen.
Butter, Ei, Dinkelmehl und Petersilie beigeben, mit Salz und Muskat würzen und gut vermischen. Die Masse eine Stunde kaltstellen. Knöderl formen und in kochendes Salzwasser geben. 15 Minuten mehr ziehen als sieden lassen. Mit Gitterlöffel herausnehmen und in der fertigen Gemüsebouillon, mit frischgeschnittenem Schnittlauch bestreut, servieren.

Käsenockerln

1/16 l Milch • 1/16 l Wasser • 20 g Butter • 1 Msp. Meersalz

30 g Dinkelgrieß

1 Ei • 30 g Bergkäse, gerieben • 20 g Parmesan, gerieben

1 Msp. Paprika, edelsüß • etwas Muskatnuß

Milch, Wasser, Butter und Meersalz aufkochen, Grieß einkochen und unter Rühren auskochen lassen, bis sich die Masse vom Geschirr löst. Ausgekühlt mit Ei, geriebenem Käse, Paprika und Muskat gut vermischen und eine halbe Stunde kaltstellen. Mit nassem Löffel 12 Nockerln abstechen, in kochendes Salzwasser oder direkt in die fertige Suppe geben und 10 Minuten ziehen lassen.

Die angerichtete Suppe mit Schnittlauch bestreuen.

Kräuterkässchnittlan

1/2 EL Butter • 20 g feingehackte Zwiebel • 70 g Topfen, passiert

1 Knoblauchzehe, zerdrückt • 1 Msp. Kräutersalz • 1 Dotter

1 EL Parmesan, gerieben • 1 TL Hefeflocken

2 EL Kräuter, feingehackt, wie Petersilie, Basilikum, Keferfil (Kerbel), Liebstöckel, Majoran, Bohnenkraut • etwas Schnittlauch, feingeschnitten

4 Scheiben Vollkornbrot • etwas Butter für das Backblech

Butter erhitzen und feingehackte Zwiebel darin anrösten, mit den restlichen Zutaten zum Topfen geben und gut vermischen. Auf Vollkornbrotscheiben streichen, diese auf leicht gebuttertes Backblech legen und bei 200 Grad 15 Minuten lang backen.

Überkühlt in Dreiecke oder Quadrate schneiden und erst bei Tisch in die angerichtete Suppe geben.

Kräuternockerln

30 g Butter • 1 Msp. Meersalz • 1 Prise Muskatnuß

1 Ei • 60 g Dinkel, gemahlen

1 EL gehackte Kräuter wie Petersilie, Schnittlauch, Kerbelkraut, Basilikum, Majoran etc.

Weiche Butter mit Meersalz und einer Prise geriebener Muskatnuß schaumig rühren, das Ei (erst den Dotter und später das Eiklar) beigeben und weiter schaumig rühren. Gehackte, frische Kräuter und gemahlenen Dinkel unterrühren und eine Stunde kaltstellen. Mit nassem Löffel acht Nockerln abstechen und in siedendes Salzwasser oder direkt in die fertige Suppe geben. 15 Minuten ziehen lassen.

„Milzschnittlan“

1 EL feingehackte Zwiebel • 1/2 EL Butter

2 EL Tartex (vegetabiler Brotaufstrich) • 1/2 TL Miso (Sojapaste)

1/2 zerdrückte Knoblauchzehe • 1/4 TL Bohnenkraut oder Thymian

1/4 TL Majoran • 1/2 EL gehackte Petersilie • 1 Prise Zitronenmelisse

1 Prise Muskatnuß • 1 TL Sojamehl

3 Scheiben Vollkornbrot • etwas Butter zum Bestreichen

Feingehackte Zwiebel in der Butter anrösten und überkühlt mit den restlichen Zutaten gut verarbeiten. Die Vollkornbrotscheiben leicht mit Butter bestreichen und mit der bestrichenen Seite aufs Backblech setzen. Die Tartex-Masse daraufstreichen und im Rohr bei 200 Grad ca. 12 Minuten backen.

Auskühlen lassen und in Dreiecke schneiden. In die angerichtete klare Gemüsesuppe geben und mit Schnittlauch bestreuen.

Spinatnockerln

60 g frischer Spinat • 1 Ei • 20 g Butter • 1 TL Sojamehl

1 Msp. Meersalz • 1/2 zerdrückte Knoblauchzehe

1 Prise Muskatnuß, frisch gerieben • 1 Prise Pfeffer aus der Mühle

1 Prise vegetabile Streuwürze • 60 g Dinkel, mittelfein gemahlen

Spinat waschen, abgetropft in einen Topf geben, erhitzen und zugedeckt eine halbe Minute dünsten. Dann Deckel entfernen und kurz ausdünsten lassen bis der Spinat trocken ist. Im Mixer mit dem Ei fein pürieren.

Weiche Butter mit Sojamehl und den Gewürzen schaumig rühren, Ei-Spinatgemisch einrühren und gemahlenen Dinkel daruntermischen. Die Masse für eine Stunde kaltstellen.

Mit naßem Löffel 8 Nockerln abstechen, in kochendes Salzwasser oder direkt in die fertige Gemüsebrühe einlegen und 15 Minuten ziehen lassen.

Tip:

Sehr hübsch sieht es aus, wenn man in die angerichtete Suppe einige dünne Karottenscheibchen gibt. Dazu kocht man am besten ein Stück Karotte im Ganzen in der Suppe mit und schneidet sie blättrig.

Hauptgerichte

Bauerntopf

100 g Zwiebeln • 60 g Karotten • 60 g Sellerie • 400 g Erdäpfel

500 g Sauerkraut • 6 Knoblauchzehen • 200 g geräucherter Tofu

1/2 TL Kümmel • 1/2 TL Bohnenkraut • 1/2 TL Tymian • 1/2 TL Liebstöckel

1 Lorbeerblatt • ca. 3/4 l Gemüsebrühe • etwas Tamari • 2 EL weiche Butter

1 kleiner Bund Schnittlauch

Zwiebeln, Karotten, Sellerie und geräucherten Tofu in zentimetergroße Würfel schneiden.

Erdäpfel gut waschen, bürsten und in zentimeterdicke Scheiben schneiden. Knoblauch dünnblättrig schneiden. Einen feuerfesten Topf (mit Deckel) mit einem Drittel des Sauerkrautes auslegen und mit der Hälfte der Erdäpfelscheiben, den Gemüse- und Tofuwürfeln sowie Knoblauchscheibchen belegen, mit der Hälfte der vermischten Gewürze bestreuen und mit Tamari beträufeln. Nochmals mit einem Drittel des Sauerkrautes und den restlichen Zutaten wie vorher lagenweise belegen. Zuletzt mit Sauerkraut abdecken, etwas festdrücken, mit Gemüsebrühe begießen und mit der Butter bestreichen. Zugedeckt am Herd zum Aufkochen bringen und im Rohr bei 200 Grad eine gute Stunde garen.

Beim Auftragen mit frischgeschnittenem Schnittlauch bestreuen.

Bohnenstrudel mit Majoransauce

Fülle:

150 g kleine weiße Bohnen (über Nacht eingeweicht) • 1/2 l Wasser

80 g getrocknete Vollkornsemmelwürfel • 80 g Zwiebel, kleinwürfelig geschnitten

40 g Butter • 1/2 EL Miso (Sojapaste) • 1 TL Tamari

1 Knoblauchzehe, zerdrückt • 1 TL Bohnenkraut, feingehackt

1 TL Majoran, feingehackt

Teig:

150 g Dinkel feingemahlen • 1 Msp. Meersalz • 1 TL Sojamehl • 1/2 EL Öl

1 Dotter • ca. 1/16 l lauwarmes Wasser • Eiweiß zum Bestreichen

Salzwasser zum Kochen

Majoransauce:

1 1/2 Tassen (3/16 l) Bohnenwasser • 1 TL Kuzu oder Maizena • 2 EL Weißwein

Meersalz • Tamari • 1 EL Butter • 1 EL gezupfte Majoranblättchen

Die eingeweichten Bohnen abgießen und in Wasser weichkochen. Inzwischen für den Teig sämtliche Zutaten 10 Minuten kneten und eine halbe Stunde zugedeckt rasten lassen.

Weichgekochte Bohnen abseihen (Sud aufheben) und die Hälfte der Bohnen pürieren. Zwiebel in Butter anschwitzen, Semmelwürfel beigeben, beides hellbraun rösten und zu den Bohnen geben. Miso und Tamari mit 1 EL Bohnensud glattrühren, mit dem Knoblauch und den Kräutern unter die pürierten Bohnen mischen.

Auf bemehltem Brett den Teig dünn kreisrund ausrollen, Bohnenbrei aufstreichen, Bohnen und Semmelwürfeln darauf verteilen. Den Teig bis ca. 4 cm zum Rand kreuzweise einschneiden, Teigrand mit Eiweiß bepinseln. Die vier Teigecken von der Mitte nach außen so einrollen, daß ein Kranz entsteht. Teigränder an den vier Enden gut zusammendrükken und durchschneiden. Die Strudel in kochendes Salzwasser legen, 15 Minuten sieden lassen, abgetropft in Stücke schneiden, anrichten und mit der Majoransauce überziehen.

Für die Sauce Bohnensud aufkochen lassen, Kuzu mit Weißwein glattrühren und einrühren, eine Minute kochen, mit Meersalz und Tamari abschmecken, die kalten Butterstückchen einrühren und zuletzt den Majoran beigeben.

Empfehlenswerte Beilage:
Gedünstetes Sauerkraut, saure Rüben oder süßsaure rote Rüben.

Erdäpfelplatteln mit Kürbiskraut

I.

800 g Erdäpfel, roh • 1 Ei • 1 EL feingehackte Schalotten • 1 EL Schnittlauch

1 zerdrückte Knoblauchzehe • 1/2 TL Meersalz • Majoran

Koriander, gemahlen • 4 EL Dinkelmehl

Öl zum Braten

oder II.

800 g Erdäpfel, gedämpft • 2 Dotter • 20 g Butter • 200 g Dinkelmehl

1 TL Meersalz • 1 EL Schnittlauch • 1 EL Petersilie, gehackt

Majoran, Thymian • Muskat

Dinkelmehl zum Bestäuben • Öl zum Braten

Kürbiskraut:

1 kg Kürbis • 1 TL Meersalz • 3 EL Öl • 80 g Zwiebel

1 EL Paprika, edelsüß • 1 EL Paradeismark • 1 kl. Knoblauchzehe, zerdrückt

1/2 TL Kümmel, gehackt • 1/2 TL Honig • 1 EL Apfelessig

1/8 l Sauerrahm • 1 EL Dinkelmehl • 1 kl. Bund Dillkraut

zu I.:
Erdäpfel gut waschen, bürsten und evtl. dünn schälen. Aufreiben, mit den restlichen Zutaten gut vermischen und möglichst sofort löffelweise in heißer Pfanne mit Öl aufteilen, flachdrücken und beidseitig knusprig braten. Die Platteln sollten immer pfannenfrisch serviert werden.

zu II.:
Erdäpfel waschen, dämpfen, schälen und noch heiß passieren. Ausgekühlt mit den restlichen Zutaten kurz zu einem Teig verarbeiten. Rolle formen, Scheiben abschneiden und auf gut bemehltem Brett nachformen. Eventuell mit Messerrücken Gittermuster eindrücken und in heißer Pfanne in Öl beidseitig braten.

Kürbiskraut:
Den Kürbis schälen und entkernen, mit Kürbis- oder Kartoffelreißer reißen oder in Streifen schneiden, salzen und 10 Minuten stehen lassen. Zwiebeln kleinwürfelig schneiden, in Öl leicht anrösten, Kürbis beigeben, mit Paprika, Paradeismark, Knoblauch, Kümmel und Honig würzen und unter öfterem Rühren ca. 10 Minuten dünsten. Zwei Drittel des Sauerrahms mit dem Mehl glattrühren und das Gemüse damit binden. Mit Apfelessig abschmekken und zuletzt fein geschnittenes Dillkraut beigeben. Beim Anrichten mit restlichem Sauerrahm und Dillsträußchen garnieren.

Gefüllte Erdäpfelrolle

Erdäpfelteig:

1/2 kg mehlige Erdäpfel • 1 TL Meersalz • etwas Muskatnuß • 1 TL Butter

1 Dotter • 120 g Dinkel, gemahlen

Dinkelmehl zum Ausrollen • zerlassene Butter zum Bestreichen

Fülle:

150 g Spinat • 200 g Champignons • 100 g Zwiebeln • 1 EL Butter

1 zerdrückte Knoblauchzehe • 1/2 TL Majoran • 1 Msp. Basilikum

1 Msp. Bohnenkraut • 1 Msp. Meersalz • etwas Pfeffer aus der Mühle

1 TL Miso • 1 TL Tamari • 2 EL gehackte Petersilie • 2 EL Vollkornbrösel

40 g Butterschmalz • Krausepetersilie zum Garnieren

Erdäpfel waschen und im Dampf garen. Inzwischen für die Fülle den Spinat waschen, abgetropft in einen Topf geben, kurz dünsten, ausdämpfen lassen und hacken. Zwiebel feinwürfelig schneiden, Champignons putzen, kurz waschen und kleinhacken. Zwiebel in Butter anrösten, die Champignons beigeben, trocken dünsten und abkühlen lassen. Spinat, Gewürze und Brösel beigeben und gut durchmischen.

Die Erdäpfel schälen, noch heiß passieren und etwas auskühlen lassen. Mit Salz, Muskat, Butter, Dotter und Dinkelmehl kurz zu glattem Teig kneten.

Aus der Fülle eine Rolle von ca. 3 cm Durchmesser formen. Den Erdäpfelteig auf bemehltem Brett 1 1/2 cm dick in der Länge der Fülle rechteckig ausrollen, mit dieser belegen und den Teig einrollen. Teigende leicht andrücken, die Rolle auf eine feuchte, mit Butter bestrichene Serviette geben, einrollen und mit dünnem Spagat zubinden. In kochendes Salzwasser legen und eine halbe Stunde kochen.

Gut abgetropft aus der Serviette rollen, mit Sägemesser in Scheiben schneiden und beim Anrichten mit etwas Butterschmalz überglänzen. Mit einem Büscherl Krausepetersilie garnieren.

Gemüse oder Salat passen als Beilage.

Tip:

Bevor man die Rolle in die Serviette gibt, sollte man sich überzeugen, ob der Kochtopf dafür groß genug ist, andernfalls müßte die Rolle geteilt werden, wobei dann zwei Servietten benötigt werden.

Und wenn ich wüßte,
daß morgen die Welt zugrunde ging,
pflanzte ich heute noch
ein Apfelbäumchen.

(Martin Luther)

Gefüllte Kohlblätter mit Linsen-Naturreis, Majoransaft, glasierten Rohnen und Schalotten

1/2 Tasse kleine braune Linsen, in 4 Tassen Wasser einige Stunden eingeweicht

1 1/2 Tassen Naturreis • 60 g Zwiebel • 20 g Öl • 1 Knoblauchzehe

1/3 Dose Tartex (nach Belieben) • 1 Bund Petersiliengrün • Kräutersalz

1 TL Miso (Sojapaste) • 1 TL Tamari • 8 Kohlblätter

etwas Butter oder Öl

1 Bund Majoran • 30 g Schalotten • 1/4 l Gemüsesud • 1/16 l Weißwein

1 TL Pfeilwurzelmehl oder Kuzu • 2 EL Wasser • Tamari

Glasierte Rohnen und Schalotten:

250 g Rohnen (rote Rüben) • 250 g Schalotten • 2 EL Weißwein

1 EL Gerstenmalz • Meersalz • 1/2 EL Butter • 1 EL Öl

Die Linsen mit Einweichwasser zum Kochen bringen, Naturreis einrühren und bei mäßiger Hitze eine Stunde zugedeckt dünsten. Zwiebel feingehackt in Öl leicht anrösten und mit zerdrücktem Knoblauch, gehackter Petersilie, Tartex, Kräutersalz, Miso und Tamari zum Reis geben und gut vermischen.

Kohlblätter in kochendem Salzwasser kernigweich blanchieren, abgetropft mit der Fülle belegen und mittels Geschirrhangerl (Küchentuch) zu Kugeln formen. In leicht geöltes Geschirr geben, mit etwas Butter oder Öl bestreichen und mit Gemüsebouillon begießen. Ca. 20 Minuten zugedeckt im Rohr fertiggaren. Anrichten, mit Majoransaft übergießen und mit den in Streifen geschnittenen, mit etwas Öl und Wasser kernigweich gedünsteten Rohnen und den Schalotten servieren.

Für den Majoransaft den Majoran entstielen. Die Stengel mit feingehackten Schalotten, Gemüsesud und Weißwein auskochen, passieren und mit in kaltem Wasser angerührtem Pfeilwurzelmehl oder Kuzu leicht binden. Mit Tamari abschmecken.

Gefüllte Kohlblätter mit Majoransaft, glasierten Rohnen und Schalotten

Sonnengereifte Paradeiser

Rohnen schälen, in Stäbchen schneiden, mit wenig Wasser, Butter und einer Prise Meersalz zugedeckt kernigweich kochen.

Schalotten schälen und mit etwas Öl und Meersalz langsam schmoren, bis sie leicht Farbe annehmen, 1 EL Gerstenmalz und Weißwein beigeben und kernigweich fertigdünsten.

Gefüllte Kohlrabi in Petersiliensauce mit Buchweizen- oder Pilzfülle

4 Stk. mittelgroße Kohlrabi • 1/4 l Wasser • 1 Msp. Meersalz

Buchweizenfülle:

2 EL Öl • 50 g Zwiebel, feingehackt • die Hälfte des Kohlrabi-Inneren

1 Tasse Buchweizen (Heiden) (120 g) • 2 Tassen Wasser (1/4 l)

1 Msp. Meersalz • 1 Msp. Hefepaste • 1 kl. Knoblauchzehe • 1 TL Majoran

1 EL gehackte Petersilie

Pilzfülle:

2 EL Öl • 80 g Zwiebel, feingehackt • die Hälfte des Kohlrabi-Inneren

320 g gemischte Pilze oder Champignons • Meersalz, Tamari

1 kl. Knoblauchzehe • 1 TL Majoran • 2 EL gehackte Petersilie

1 Ei • 2 EL Vollkornbrösel

evtl. 4 EL Parmesan, gerieben

20 g Butter • 1/8 l Gemüsebrühe

Sauce:

1 EL Butter • 1 EL feingehackte Schalotten • 1 1/2 EL Hirse, gemahlen

1/8 l Gemüsebrühe • 1/8 l Milch • Meersalz, Muskat, vegetabile Streuwürze

2 EL Schlagobers • 2 EL Sauerrahm • 1 Bund Petersiliengrün

Die Kohlrabi schälen, in der Mitte quer durchschneiden und mit Parisienne-Ausstecher (Kugelausstecher) ungefähr bis auf ca. einen Zentimeter Dicke aushöhlen. Die Kohlrabi mit Wasser und etwas Salz zugedeckt kernigweich dünsten oder dämpfen. Füllen (am besten mit Eisportionierer), in ausgebuttertes Geschirr geben, mit Butterflocken belegen, Gemüsebrühe beifügen und zugedeckt im Rohr 15–20 Minuten bei 200 Grad erhitzen. Beim Anrichten mit der Petersiliensauce überziehen.

Für die **Buchweizenfülle** Zwiebel in Öl leicht anrösten, die Hälfte des beim Aushöhlen gewonnenen Kohlrabifleisches kleingewürfelt bzw. gehackt beigeben und kurz andünsten. Buchweizen waschen und gut abgetropft hinzufügen, mit Wasser aufgießen, mit Salz und Hefepaste würzen und zugedeckt bei mäßiger Hitze 20 Minuten weichdünsten. Zerdrückten Knoblauch, Majoran und gehackte Petersilie beigeben.

Für die **Pilzfülle** Zwiebel in Öl leicht anrösten, die Hälfte des Kohlrabifleisches kleingewürfelt beigeben, mit wenig Kohlrabisud vergießen und kernigweich dünsten. Die kleingewürfelten Pilze beigeben, salzen und einige Minuten weiter dünsten. Die Masse sollte nicht mehr zu feucht sein. Knoblauch, Majoran, Petersilie sowie Ei und Brösel beimengen. Eventuell die gefüllten Kohlrabi vor dem Backen mit Parmesan bestreuen. In diesem Fall beim Anrichten die Sauce nicht darüberziehen.

Petersiliensauce:
Butter erhitzen, Schalotten darin anschwitzen, mit Hirsemehl stauben, Gemüsebrühe und Milch aufgießen. Petersilie entstielen und die Stengel kleingeschnitten zur Sauce geben. Zehn Minuten weichkochen, passieren, mit Salz, Muskat und Streuwürze würzen, mit Rahm und Obers verfeinern und zuletzt feingeschnittene Petersilie beigeben.

Die Entdeckung eines neuen Gerichts
trägt mehr zum Wohl der Menschheit bei,
als die Entdeckung eines neuen Gestirns.

(Brillat-Savarin)

Gegrillte Maisgrießschnitten mit buntem Schalottengemüse

1 l Wasser • 1 $^{1}/_{2}$ TL Meersalz • 350 g Maisgrieß

Öl zum Grillen

250 g kleinere Schalotten • 1 EL Öl • 100 g Karotten

100 g weiße Rüben oder Kohlrabi • 100 g kleinere Kohlsprossen

etwas Meersalz • ca. $^{1}/_{8}$ l Wasser

1 TL Stärke (Maizena oder Kuzu) • $^{1}/_{16}$ l Wasser • etwas Shoyu

1 EL gehackte Petersilie

Wasser mit Salz aufkochen, Maisgrieß unter Rühren einstreuen und bei öfterem Umrühren 20 Minuten dünsten.

In geölte Wandelform pressen und kaltstellen. In Scheiben schneiden und mit etwas Öl goldgelb grillen oder in der Pfanne braten. Eventuell Kräuterrahm dazureichen.

Für das Gemüse die Schalotten schälen, in Öl anschwitzen, Karotten, Rüben oder Kohlrabi in zentimetergroße Würfel schneiden und beigeben. Salzen und mit Wasser aufgießen. Ca. 5 Minuten dünsten, Kohlsprossen beigeben und zusammen ca. weitere 5 Minuten kernigweich dünsten. Stärke mit Wasser anrühren und das Gemüse damit leicht binden. Mit Shoyu würzen und gehackte Petersilie beigeben.

Gesundheit ist nicht alles,
aber alles ist nichts ohne Gesundheit.

(Schopenhauer)

Gerstenlaibchen mit Lustocksauce

2 Tassen (250 g) Gerste, mit 4 Tassen Wasser über Nacht eingeweicht

1/2 Gemüsebrühwürfel • 60 g Zwiebel • 1 EL Öl

1–2 Knoblauchzehen, zerdrückt • 1 EL gehackte Petersilie

1 EL gehackter Majoran • 1 EL Schnittlauch • etwas geriebene Muskatnuß

Kräutersalz

Für die Lustocksauce:

1/4 l Gemüsebrühe • 2 EL Weißwein • 1 EL Butter

1 EL Schalotten, feingehackt • 1 1/2 EL Dinkelmehl

1 kl. Bund Lustock (Liebstöckel) • 2 EL Sauerrahm • 2 EL Obers

Meersalz • etwas geriebene Muskatnuß

Die Gerste mit Einweichwasser und Gemüsebrühwürfel weichdünsten (im Drucktopf aufkochen, verschließen und bei schwacher Hitze eine Stunde garen). Etwas überkühlt durch den Fleischwolf drehen. Zwiebel feinhacken, in Öl anrösten und zur Gerste geben. Mit den restlichen Zutaten gut vermischen. Mit nassen Händen 12 Laibchen formen und in der Pfanne mit etwas Öl beidseitig knusprig braten.

Beim Anrichten zur Hälfte mit der Lustocksauce überziehen. Gemüse der Saison als Beilage.

TIP:

Man kann die Laibchen natürlich auch aus Gerstenschrot statt ganzer Gerste zubereiten. Dadurch spart man zwei Drittel der Garzeit ein und das Faschieren fällt weg.

Für die Sauce:

Feingehackte Schalotten in der Butter anschwitzen. Dinkelmehl einrühren und mit der Gemüsebrühe und dem Wein aufgießen. Lustock entstielen und die Stengel beigeben. Die Sauce ca. 15 Minuten kochen und passieren. Lustock in feine Streifen schneiden oder hacken und dazugeben. Mit Rahm und Obers verfeinern und Meersalz, sowie Muskatnuß abschmecken.

Gerstenschrotbällchen in Dillrahmsauce

2 Tassen (240 g) Gerste • 4 Tassen Wasser • 40 g Zwiebeln

1/2 Gemüsebrühwürfel • 1/2 TL Meersalz • 1 Prise Muskatnuß

etwas Butter

20 g (1 EL) Butter • 20 g Zwiebel, feingehackt • 1 1/2 EL Hirse, feingemahlen

1/8 l Gemüsebrühe • 1/8 l Milch • 1 Msp. Meersalz • 2 EL Obers

1 EL Sauerrahm • 1 kleiner Bund Dillkraut

Die Gerste mittelgrob schroten. Wasser mit feingehackter Zwiebel und Gemüsebrühwürfel aufkochen und Gerstenschrot unter Rühren einrieseln lassen. Zugedeckt unter zeitweiligem Umrühren bei mäßiger Hitze 20 Minuten dünsten. Meersalz und Muskatnuß beigeben und gut durchmischen. Masse etwas auskühlen lassen und mit feuchten Händen 16 gleichgroße Kugeln zu je 30 g formen (am rationellsten mit einem Eisportionierer). Diese in ein leicht ausgebuttertes, feuerfestes Geschirr geben, mit Butter bestreichen (evtl. etwas Wasser beigeben und mit Folie abdecken) und ca. 15 Minuten vor dem Auftragen im heißen Rohr (200 Grad) erhitzen.

Für die Sauce Dillkraut von den Stielen abzupfen und die zerkleinerten Stiele mit feingehackter Zwiebel in der Butter andünsten (nicht rösten!), mit dem Hirsemehl stauben und mit Gemüsebrühe und Milch aufgießen. Unter Rühren aufkochen und 10 Minuten leicht auskochen lassen. Passieren, Obers und Sauerrahm einrühren und mit Salz abschmekken.

Zuletzt geschnittenes Dillkraut beigeben. Beim Anrichten die Gerstenbällchen mit der Sauce überziehen und mit kleinen Dillsträußchen garnieren.

Empfehlenswerte Beilage:
Kernig gedämpftes Gemüse in drei Farben: Karotten, Karfiol oder Kohlrabi, Erbsen, Lauch oder Broccoli.

Grünkernbraten mit Thymiansauce und Rübennudeln

2 Tassen ($^1/_4$ kg) Grünkern, mittelgrob geschrotet

4 Tassen Gemüsesud oder Wasser • $^1/_2$ TL Meersalz

60 g Zwiebel • 1 EL Öl • 1 kl. Knoblauchzehe

Majoran, Thymian • Muskatnuß

1 Bund frischer Tymian • 1 EL Butter • 1 EL feingehackte Schalotten

2 EL Dinkelmehl • 4 cl Weißwein • $^1/_8$ l Gemüsesud • $^1/_8$ l Milch

etwas Meersalz • 2 EL Obers • 2 EL Sauerrahm

300 g weiße Rüben • 300 g rote Rüben • 1 EL Öl oder Butter • Meersalz

etwas Kümmel, gemahlen • etwas Wasser • 2 cl Weißwein • 2 cl Rotwein

Gemüsesud oder Wasser mit Salz aufkochen und Grünkernschrot unter Rühren einrieseln lassen. Bei mäßiger Hitze und zeitweisem Umrühren 20 Minuten zugedeckt dünsten. Zwiebel feinwürfelig schneiden und in Öl anrösten. Mit der zerdrückten Knoblauchzehe und den restlichen Gewürzen zum Grünkern geben und gut vermischen. In geölte Kastenform drücken und im Rohr bei 200 Grad eine halbe Stunde backen. Stürzen, in Scheiben schneiden und mit der Tymiansauce und den Rübennudeln anrichten.

Für die Thymiansauce den Tymian abrebeln. Die Stiele mit den Schalotten in der Butter andünsten, mit Mehl stauben, mit Weißwein, Gemüsesud und Milch aufgießen, einige Minuten unter Rühren auskochen lassen und passieren. Obers und Sauerrahm einrühren, mit Salz abschmecken. Zuletzt die Thymianblättchen beigeben und die Sauce nochmals kurz aufkochen lassen.

Für die Rübennudeln die Rüben dünn schälen und getrennt in feine Streifen schneiden oder raffeln. Jeweils mit etwas Öl, Wasser und Meersalz, dem gemahlenen Kümmel sowie Weißwein bei weißen und Rotwein bei roten Rüben, zugedeckt kernigweich dünsten.

Hadnsterz (Heidensterz)

400 g Heiden (Buchweizen), gemahlen • 1 TL Meersalz

1/2 l Wasser • evtl. etwas Butter oder Reform-Margarine

Das Heidenmehl mit dem Salz unter Rühren erwärmen (es sollte nicht zu heiß werden, also nicht rösten). Das siedende Wasser nach und nach dazugießen, kurz verrühren und zugedeckt 10 Minuten ziehen lassen. Mit Sterzgabel in einer Richtung durchrühren und evtl. abschmalzen.

Traditionsgemäß wird in Kärnten der Sterz als ausgiebiges Frühstück oder Abendessen mit Malzkaffee oder saurer Milch gegessen. Zum Hadnsterz paßt auch sehr gut eine Gemüsesuppe.

Heiden-Kohl-Auflauf

Buchweizen:

120 g Zwiebeln • 60 g Karotten • 40 g Sellerie • 2 EL Öl

2 Tassen (250 g) Buchweizen • 4 Tassen (1/2 l) Wasser • 1/2 TL Meersalz

1/2 TL Hefepaste • 1 zerdrückte Knoblauchzehe • 1/2 TL Majoran

1/2 TL Thymian • 1 TL Miso • 1 TL Tamari

Wirsing:

250 g Wirsingkohl • 1/4 l Wasser • 1/2 TL Meersalz

Béchamelsauce:

25 g Butter • 30 g Dinkelmehl • 1/4 l Milch • 1 Msp. Meersalz

1 Prise Muskatnuß

20 g Butter • 2 EL gehackte Petersilie • 2 EL Hefeflocken

4 EL geriebener Parmesan

Zwiebel, Karotten und Sellerie kleinwürfelig schneiden und in Öl leicht anrösten. Buchweizen kurz mitrösten, mit Wasser aufgießen, Gewürze beigeben und zugedeckt bei mäßiger Hitze 20 Minuten dünsten.

Inzwischen den Kohl in Blätter zerteilen, waschen, in kochendes Salzwasser geben und einige Minuten kernigweich dünsten.

Für die Béchamelsauce das Dinkelmehl in Butter anschwitzen, mit der Milch aufgießen, unter Rühren aufkochen, mit Salz und Muskat würzen und kurz verkochen lassen.

Eine feuerfeste, nach Möglichkeit eckige Backform leicht ausfetten, mit einem Drittel des Buchweizens ausstreichen, ein Drittel der Béchamelsauce auftragen, mit 1 EL Petersilie, 1 EL Parmesan und $^{1}/_{2}$ EL Hefeflocken bestreuen und mit der Hälfte der Wirsingblätter belegen.

Denselben Vorgang wiederholen, also Buchweizen, Béchamel, Petersilie, Parmesan, Hefeflocken und Wirsing übereinander schichten, restlichen Buchweizen darauf verteilen und mit der restlichen Béchamelsauce bestreichen. Mit 2 EL Parmesan sowie 1 EL Hefeflocken bestreuen und Butterflöckchen belegen.

Im vorgeheizten Rohr bei 200 Grad 25 Minuten goldgelb backen.

Tip:

Für dieses Gericht sollte man unbedingt frisch geriebenen Parmesan verwenden. Dieser schmeckt nicht nur besser als das fertige Parmesanpulver, sondern ergibt auch eine schönere, zartere Kruste.

Eure Lebensmittel sollen Heilmittel
und eure Heilmittel Lebensmittel sein.

(Hippokrates und Paracelsus)

Hirse-Gemüselaibchen mit Schnittlauchsauce

1 1/2 Tassen (200 g) Goldhirse • 1/2 l Wasser • 60 g Karotten

40 g Sellerie • 40 g Zwiebel • 40 g Lauch • 40 g grüner Paprika

40 g roter Paprika • 1/2 TL Meersalz

1/2 TL Oregano • 1/2 TL Basilikum • 1 Knoblauchzehe, zerdrückt

1 EL Petersilie, gehackt

Öl zum Braten

Krausepetersilie und roter Paprika oder Radieschen zum Garnieren

Schnittlauchsauce:

1/8 l Joghurt • 1/8 l Sauerrahm • 1 Msp. Meersalz

2 EL Sonnenblumenöl • 1 Bund Schnittlauch, feingeschnitten

Sämtliche Gemüse kleinwürfelig schneiden. Wasser aufkochen, Goldhirse einrühren, nach 5 Minuten köcheln Gemüse und Salz beigeben, zugedeckt bei mäßiger Hitze 15 Minuten dünsten und 5 Minuten nachquellen lassen. Aufgabeln und kurz ausdämpfen lassen. Knoblauch und Kräuter daruntermischen. Aus der Masse 12 Laibchen formen und etwas überkühlt in heißer Pfanne mit etwas Öl beidseitig knusprig braten. Beim Anrichten mit etwas Schnittlauchsauce, Petersilie und Stückchen oder Ringen von rotem Paprika garnieren. Restliche Schnittlauchsauce extra reichen. Dazu passen Salate oder gedämpftes Gemüse.

Für die Schnittlauchsauce sämtliche Zutaten gut verschlagen und beim Anrichten mit Schnittlauch bestreuen.

Tip:

Für Magenempfindliche, die in Öl Gebratenes meiden sollten, empfiehlt es sich, die Laibchen auf leicht geöltes Backblech zu geben und im heißen Rohr zu braten.

Hirse-Kohlrauggn mit Knoblauchrahmsauce

1 1/2 Tassen Hirse (180 g) • 250 g Kohl • 100 g Zwiebeln

3 Tassen Gemüsesud oder Wasser und 1/2 Gemüsebrühwürfel

1 EL Butter • 1 Knoblauchzehe • 1/2 TL Meersalz

1 TL frisches Bohnenkraut, gehackt oder 1/2 TL getrocknetes

2 TL frischen Majoran, gehackt oder 1 TL getrockneter

2 EL gehackte Petersilie • 1 TL Shoyu

Öl zum Braten • 4 hellgrüne Kohlblätter

Für die Sauce:

1 EL gehackte Zwiebel • 4 Knoblauchzehen

1 EL Butter • 1 1/2 EL Hirse, feingemahlen

1/4 l Gemüsebrühe • 2 EL Weißwein • 2 EL Sauerrahm

2 EL Obers • 1 EL geschlagenes Obers • Meersalz

Die Hirse waschen und gut abgetropft mit Gemüsesud oder Wasser und Gemüsebrühwürfel aufkochen, zugedeckt bei mäßiger Hitze 20 Minuten dünsten und 10 Minuten nachquellen lassen.

Inzwischen den Kohl in Blätter zerteilen und in etwas Salzwasser nicht zu weich kochen. Abtropfen lassen (Kohlwasser für Gemüsesud verwenden) und kleinwürfelig schneiden oder hacken. Feinwürfelig geschnittene Zwiebel in Butter anrösten, zerdrückten Knoblauch und den Kohl beigeben und kurz ausdämpfen lassen.

Zur Hirse geben, mit Salz, den Kräutern und Shoyu würzen und gut durchmischen. Mit Löffel oder Eisportionierer abstechen und mit Händen eckige Knödel (Rauggn) drücken. Auf geöltes Blech geben und im vorgeheizten Rohr bei 220 Grad 20 Minuten lang hellbraun braten (zur Halbzeit wenden). Auf in Salzwasser kernigweich gekochten Kohlblättern anrichten und mit der Knoblauchrahmsauce überziehen.

Als Beilage passen gut gedünstete Karotten oder rote Rüben.

Sauce:
Zwiebel und 2 zerdrückte Knoblauchzehen in Butter oder Margarine anschwitzen, Hirsemehl kurz mitanschwitzen und mit Gemüsebrühe und Weißwein aufgießen, 15 Minuten kochen, restlichen zerdrückten Knoblauch, Sauerrahm und Obers beigeben und mixen oder passieren. Mit Salz abschmecken und vor dem Servieren das Schlagobers unterziehen.

Kärntner Heidennudeln

Teig:

150 g Dinkel, feingemahlen • 50 g Buchweizen, feingemahlen • 1 EL Sojamehl

1 EL kaltgepreßtes Öl • 1/2 TL Meersalz • ca. 1/8 l Wasser

Fülle:

150 g Buchweizen • 3 dl Wasser • 1 Msp. Meersalz • 60 g Zwiebel

30 g Butter • 60 g Porree • 1 TL Majoran • 1/2 TL Bohnenkraut

1/2 TL Basilikum • 1 Knoblauchzehe, zerdrückt • 1 EL gehackte Petersilie

1 TL Miso • 1 EL Wasser • etwas Shoyu

40 g Butter • Gomasio (Sesamsalz) zum Bestreuen

Aus den Zutaten für den Teig 10 Minuten lang einen geschmeidigen Nudelteig kneten und zugedeckt eine halbe Stunde rasten lassen.

Für die Fülle den Buchweizen mit Wasser aufkochen, mit Meersalz würzen und bei geringer Hitze 20 Minuten zugedeckt dünsten. Zwiebel feinwürfelig schneiden und in Butter hell anrösten. Porree ebenso feinwürfelig schneiden, kurz mitrösten und zum Buchweizen geben.

Gewürze, mit Wasser angerührtes Miso sowie etwas Shoyu beigeben und gut vermischen. Teig ausrollen, mit der Fülle belegen und wie bei „Kärntner Nudeln“, Seite 60, beschrieben, 12 Stück ausarbeiten.

In kochendes Salzwasser legen und 10 Minuten leicht sieden lassen. Mit Gitterlöffel herausnehmen, abgetropft anrichten und mit zerlassener Butter überziehen.

Bei Tisch mit etwas Gomasio bestreuen. Als Beilage passen Salate, aber auch saure Rüben oder Sauerkraut.

Kärntner Nudeln – Grundrezept

(12–16 St.) mit oder ohne Ei

I.

200 g Dinkel- oder Weizenmehl, feingemahlen • 1/2 TL Meersalz • 1 Ei

1 EL Sonnenblumenöl • ca. 1/16 l Wasser

II.

200 g Dinkel, feingemahlen • 1/2 TL Meersalz

1 EL Sonnenblumenöl • ca. 1/8 l Wasser

Das Mehl auf ein Nudelbrett geben, Salz daraufstreuen und in der Mitte eine Grube machen. Ei und Öl hineingeben und Wasser zugießen, während mit einem Messer das Mehl nach und nach eingearbeitet wird. Hernach 10 Minuten zu einem glatten, plastischen Teig kneten und diesen zugedeckt eine halbe Stunde rasten lassen.

Die Kärntner Nudeln kann man nun auf zwei Arten ausarbeiten:

1. Art: Faustnudeln
Aus dem Teig eine Rolle formen, Scheiben abschneiden und handflächengroß ausziehen oder ausrollen. Die Teigplättchen in die linke Hand legen, mittels Eßlöffel Fülle abstechen und darauflegen. Halbmondförmig zusammenschlagen, beide Ränder fest gegeneinanderdrücken und „abkrändeln". Dabei mit dem Daumen der rechten Hand den Teigrand zierlich umbiegen und gegen den dahinterliegenden Zeigefinger drücken. Dieser Vorgang wird ständig wiederholt, bis die Nudel schön verschlossen ist.

2. Art: G'radelte Nudeln
Den Teig auf bemehltem Brett möglichst rechteckig ausrollen. Fülle mittels Löffel oder Eisportionierer abstechen, evtl. Kugeln formen und in Abständen von 3–4 cm nebeneinander auf den vorderen Teil des Teiges legen. Teig über die Fülle schlagen und rund um die Fülle gut mit Handkanten festdrücken. Mittels Ausstecher ausstechen oder mit Teigradl ausradeln, evtl. auch abkrändeln.

In kochendes Salzwasser legen und ca. 10 Minuten vorsichtig kochen. Mit Gitterlöffel herausnehmen, ganz kurz in kaltes Wasser tauchen, gut abgetropft anrichten und mit zerlassener Butter übergießen.

Kärntner Erdäpfelnudeln

Nudelteig lt. Grundrezept „Kärntner Nudeln", Seite 60.

Fülle:

1/2 kg mehlige Erdäpfel, in der Schale gekocht • 80 g Zwiebel • 30 g Butter

1 TL Meersalz • 1 EL gehackte Petersilie • 2 TL gehackter Majoran

1 TL gehackter Lustock (Liebstöckel) • 1 Knoblauchzehe, zerdrückt • 1 Dotter

60 g zerlassene Butter • 1 kl. Bund Schnittlauch

Die Erdäpfel schälen und noch heiß durch die Kartoffelpresse drücken, Zwiebel feinwürfelig schneiden, in Butter goldgelb rösten und beigeben. Salz, gehackte Kräuter, Knoblauch und Dotter daruntermischen, wie Kärntner Kasnudeln ausarbeiten und in Salzwasser kochen. Beim Anrichten mit zerlassener Butter übergießen und mit frischgeschnittenem Schnittlauch bestreuen.

Im Lesachtal werden die Erdäpfelnudeln auch „Ruabnkråpfn" genannt.

Kärntner Kasnudeln

(12 St.)

Nudelteig Grundrezept „Kärntner Nudeln", Seite 60.

I. Topfen-Erdäpfelfülle:

250 g Erdäpfel, mit der Schale gekocht • 250 g Bauerntopfen, fest

50 g Zwiebel, feingehackt • 20 g Butter • 1/2 EL Kerbelkraut (Keferfil), gehackt

1/2 EL braune Minze, gehackt • 1/2 TL Meersalz • etwas Pfeffer aus der Mühle

Erdäpfel schälen, passieren und zum Topfen geben. Feingehackte Zwiebel in Butter anrösten, gehackte Kräuter einrühren und zur Fülle geben, salzen, pfeffern und gut durchmischen.

II. Topfen-Breinfülle:

80 g Hirse • 2 dl Wasser • 1/4 TL Meersalz

oder 250 g gedünstete Hirse vom Vortag

250 g Bauerntopfen • 40 g Porree, feinwürfelig geschnitten

20 g Butter • 1 EL Petersilie, gehackt • 1/2 EL Kerbelkraut, gehackt

1 TL braune Minze, gehackt • 1/3 TL Meersalz

Wasser aufkochen lassen, Hirse einrühren und zugedeckt bei schwacher Hitze 20 Minuten dünsten, aufgabeln und abkühlen lassen oder bereits gedünstete Hirse nehmen. Feingeschnittenen Porree in Butter andünsten, Kräuter einrühren, zu Hirse und Topfen geben, mit Meersalz würzen und gut durchmischen.

Tip:

Versuchen Sie, einmal statt Minze etwas Lustock oder Majoran in die Fülle zu geben. Nicht original, aber auch sehr gut!

III. Topfen-Semmelfülle:

2 altbackene Vollkornsemmeln, kleinwürfelig geschnitten • 2 EL Sauerrahm
1 Ei • 300 g Bauerntopfen • 1/3 TL Meersalz • 20 g Butter
1 EL Petersilie, gehackt • 1 EL Schnittlauch, feingeschnitten
1/2 EL Kerbelkraut, gehackt • 1/2 EL braune Minze, gehackt

Ei mit Sauerrahm verschlagen und die Semmelwürfel damit tränken. Kräuter in Butter kurz anschwitzen und darüber geben. Topfen und Meersalz beifügen und gut vermischen. Fülle zu 12 Knöderl oder Häuferl zu je ca. 40 g portionieren.

Ausarbeiten, in kochendes Salzwasser legen und ca. 10 Minuten vorsichtig kochen. Mit Gitterlöffel herausnehmen, ganz kurz in kaltes Wasser tauchen, gut abgetropft anrichten und mit zerlassener Butter übergießen.

Kärntner Spinatnudeln

Nudelteig lt. Grundrezept „Kärntner Nudeln", Seite 60.

Fülle:

1 kg Blattspinat • 40 g Zwiebel • 40 g Butter • 1/8 l Milch
60 g Dinkel, feingemahlen • 1/2 TL Meersalz • 1 Msp. Muskatnuß, gemahlen
1 zerdrückte Knoblauchzehe • Pfeffer aus der Mühle • 1 Dotter

Blattspinat waschen, in kochendes Salzwasser geben und kurz kochen oder in einer weiten Kasserolle kurz dünsten, gut abgetropft und leicht ausgedrückt fein hacken oder faschieren.

Zwiebel kleinwürfelig schneiden und in Butter anschwitzen, mit der Milch aufgießen, Dinkelmehl beigeben und gut rühren, bis sich die Masse vom Topf löst. Gewürze und Dotter beigeben, zum Spinat geben und gut durchrühren.

Wie bei „Kärntner Nudeln" beschrieben Nudeln ausarbeiten. In Salzwasser ca. 8 Minuten kochen. Mit zerlassener oder evtl. leicht gebräunter Butter anrichten.

Kärntner Linsentopf

250 g Linsen (2 Tassen) mit $^{3}/_{4}$ l Wasser einige Stunden eingeweicht

120 g Zwiebeln, kleinwürfelig geschnitten • 2 EL Öl • 2 Knoblauchzehen

1 Lorbeerblatt • $^{1}/_{2}$ TL Majoran

je $^{1}/_{4}$ TL Thymian, Rosmarin, Basilikum, Bohnenkraut,

gemahlener Kümmel und Zitronenmelisse

250 g geräucherter Seitan (Weizenfleisch) oder Tofu • 1–2 Essiggurkerl, gehackt

1 TL Kapern, gehackt • 1 TL Reformsenf • $^{1}/_{2}$ TL Maizena oder Kuzu

2 EL Gurkerlessig • 1 TL Apfelessig • Meersalz • Tamari

Zwiebeln kleinwürfelig schneiden und im Öl leicht anrösten, Linsen mit Einweichwasser und Gewürzen beigeben. Zugedeckt ca. 30 Minuten weichkochen. Den in Würfel geschnittenen, geräucherten Seitan oder Tofu beifügen und noch einige Minuten köcheln lassen. Zuletzt kleingehackte Gurkerl, Kapern, Senf und die im Essig angerührte Stärke einrühren, aufkochen, mit Meersalz und Tamari abschmecken. Das Gericht vor dem Auftragen noch einige Zeit lang durchziehen lassen.

Als Beilage passen Semmelknödel, Polenta oder einfach Vollkornbrot.

Kärntner Ritschert

100 g weiße Bohnen • 200 g Gerste (Bohnen und Gerste getrennt über Nacht mit jeweils der dreifachen Menge Wasser eingeweicht)

$^{1}/_{2}$ l Wasser • 80 g Karotten • 80 g Sellerie • 40 g Petersilienwurzel

80 g Zwiebel • 2 EL Öl • $^{1}/_{4}$ l Wasser • 1 Lorbeerblatt

2 Knoblauchzehen • 2 Wacholderbeeren

etwas Lustock (Liebstöckel), Thymian, Bohnenkraut • wenig Salbei • Meersalz

40 g Porree (Lauch) • 1 EL Shoyu • 1 EL gehackte Petersilie

Gegrillte Maisgriess-Schnitten mit buntem Gemüse

Auch Exoten wie Melanzani finden sich immer öfter auf Kärntner Märkten

Das Einweichwasser der Bohnen wegschütten (Purinstoffe!) und Bohnen mit 1/2 l Wasser weichkochen. Die Gerste mit dem Einweichwasser im Drucktopf aufkochen, etwas salzen und verschlossen bei schwacher Hitze eine Stunde weichkochen. Karotten, Sellerie und Petersilienwurzel in zentimetergroße Würfel schneiden. Zwiebel kleinwürfelig schneiden, in Öl leicht anrösten, Gemüse kurz mitrösten und mit 1/4 l Wasser aufgießen. Gewürze beigeben und ca. 15 Minuten mitkochen. Das Gemüse und die Bohnen mit Kochsud zur fertigen Gerste geben und aufkochen lassen.

Mit Meersalz und Shoyu abschmecken und noch einige Zeit durchziehen lassen. Beim Anrichten mit gehackter Petersilie bestreuen.

Kärntner „Wildragout"

320 g Seitan (Weizenfleisch) • 1/8 l Wasser • 1/8 l kräftiger Rotwein
1 EL Apfelessig • 1/2 TL Hefepaste • 1 Lorbeerblatt • 6 Wacholderbeeren
je 1 Msp. Thymian, Majoran, Bohnenkraut, Basilikum, Rosmarin, Zitronenmelisse,
Nelken gemahlen, Piment gemahlen, Koriander gemahlen, Kardamom
etwas Pfeffer aus der Mühle

100 g Zwiebeln • 100 g Karotten • 80 g Sellerie • 1 EL Öl • 1/2 EL Butter
1/2 TL Tomatenmark • 1 kleine Knoblauchzehe • 1/4 l Wasser
2 TL Preiselbeerkompott • 1 Msp. Meersalz • 2 EL Dinkelmehl • 1 TL Miso
1/16 l Rotwein • 160 g kleine Eierschwammerl • 1/2 EL Butter • Tamari

evtl. 4 EL Sauerrahm • 1 EL gehackte Petersilie • 1 EL Preiselbeeren, frisch

Seitan in ca. 1 1/2 cm große Würfel schneiden, mit Rotwein, Wasser und Apfelessig übergießen, Gewürze beigeben und einige Stunden zugedeckt marinieren. Auf Sieb gut abtropfen lassen (Marinade aufheben!), Zwiebeln, Karotten und Sellerie in zentimetergroße Würfel schneiden. Öl und Butter darin anrösten, Tomatenmark kurz mitrösten, mit der Marinade ablöschen, dem Wasser aufgießen, zerdrückte Knoblauchzehe, Meersalz und Preiselbeeren beigeben und zugedeckt 15 Minuten dünsten lassen. Dinkelmehl und Miso mit Rotwein glattrühren und das Ragout damit binden. Die geputzten Eierschwammerl abbrausen und gut abgetropft in der Butter dünsten, die Seitanwürfel kurz mitdünsten und zur Sauce geben. Noch einige Minuten köcheln lassen und mit Tamari abschmecken. Die Sauce sollte leicht sämig sein. Falls zu dünn, mit etwas angerührter Stärke leicht nachbinden.

Beim Anrichten evtl. Sauerrahm gefällig auf das Ragout verteilen und mit Petersilie und Preiselbeeren bestreuen. Passende Beilagen wären Semmelknödel, Vollkornnudeln oder Wuzelnudeln (Schupfnudeln).

Käse-Spinatspatzen mit Zwiebelrahm

300 g feingemahlener Dinkel • 250 g Blattspinat • 1 TL Meersalz
Muskatnuß • 1 kl. zerdrückte Knoblauchzehe • 2 Eier
2 EL Sojamehl • etwas Milch

100 g feingehackte Zwiebeln • 40 g Butter • 1/16 l Weißwein • 1/8 l Obers
Meersalz • etwas Pfeffer aus der Mühle • 40 g geriebener Bergkäse
40 g Parmesan

Blattspinat waschen, abtropfen und kurz dünsten, mit den Gewürzen und Eiern im Mixer pürieren. Zum Dinkelmehl geben, Sojamehl und etwas Milch beigeben, zu glattem Teig abschlagen und 20 Minuten quellen lassen.

Durch Spätzlesieb in kochendes Salzwasser drücken. Ca. 2 Minuten kochen lassen, abseihen und kurz kalt abschrecken. Feingehackte Zwiebel in Butter goldgelb rösten, mit Weißwein ablöschen, Obers aufgießen, etwas Meersalz und Pfeffer aus der Mühle würzen.

Spätzle beigeben und durchschwenken, nun die Hälfte vom Bergkäse darunterschwenken. Anrichten, mit restlichem Käse bestreuen und kurz im heißen Rohr schmelzen lassen.

Krautfleckalan

Teig:

250 g feingemahlener Dinkel • 1 EL Sojamehl • 1 Ei

1 EL Sonnenblumenöl • ca. 1/16 l Wasser

Kraut:

120 g Zwiebeln, kleinwürfelig geschnitten • 2 EL Öl • 1 EL Butter

1/2 kg Weißkraut • 1 TL Honig oder Gerstenmalz

1 kleine Knoblauchzehe • 1/2 TL Meersalz • 1/2 TL Kümmel

1 Msp. Paprika • etwas Pfeffer aus der Mühle

ca. 1/8 l Wasser • 1 EL Tamari

Aus den angeführten Zutaten einen festeren Nudelteig bereiten, in zwei Teile teilen und zugedeckt eine halbe Stunde rasten lassen. Auf bemehltem Brett dünn ausrollen und übertrocknen lassen. In zentimetergroße Fleckerl schneiden.

Öl und Butter erhitzen, Zwiebel darin goldgelb rösten, das vom Strunk befreite, in Fleckerl geschnittene Kraut beigeben, kurz mitrösten, und die Gewürze beifügen. Mit dem Wasser aufgießen und langsam zugedeckt nicht zu weich dünsten (20–30 Minuten). Inzwischen die Teigfleckerl in Salzwasser bißfest kochen, abseihen und unter das fertige Kraut mischen, mit Tamari abschmecken.

Krauttascherl

Topfenteig:

100 g Dinkel, feingemahlen • 100 g Bauerntopfen, passiert

100 g Butter oder Reform-Margarine • 1 Msp. Meersalz

1 Msp. Weinstein-Backpulver

Fülle:

100 g Zwiebeln • 2 EL Öl • 400 g Weißkraut • ca. 1/8 l Wasser

1 Msp. Meersalz • 1/2 TL Kümmel • 1 Knoblauchzehe

1 TL Gerstenmalz • etwas Pfeffer aus der Mühle • 1 TL Miso

1/2TL Stärke (Kuzu oder Pfeilwurzmehl) • 2 EL Weißwein • Tamari

evtl. 1 Eigelb zum Bestreichen

Sämtliche Zutaten für den Topfenteig rasch zu glattem Teig kneten und eine Stunde kaltstellen. Auf bemehltem Brett ca. zentimeterdick rechteckig ausrollen und von links und rechts übereinanderfalten, damit drei Lagen entstehen (einfache Tour geben). Eine halbe Stunde kaltstellen. Auf bemehltem Brett ca. drei Millimeter dick ausrollen, in 12 Quadrate schneiden, mit der Krautfülle belegen, zu dreieckigen Taschen falten und die Ränder durch Andrücken verschließen. Eventuell mit Eigelb bestreichen und bei 220 Grad, Halbzeit 200 Grad, 20 Minuten backen.

Für die Fülle Zwiebel kleinwürfelig schneiden und in Öl goldgelb rösten, in kurze Streifen geschnittenes Kraut beigeben und mit dem Wasser aufgießen. Mit Meersalz, Kümmel, zerdrückter Knoblauchzehe, Gerstenmalz sowie Pfeffer würzen und zugedeckt unter öfterem Umrühren weichdünsten. Miso und Stärke in Weißwein anrühren und das Kraut damit binden. Mit Tamari abschmecken.

TIP:

Krauttascherl eignen sich besonders als appetitanregende Vorspeise oder als Imbiß zu Bier oder Most.

Lauch-Käsetorte

Pastetenteig:

150 g Dinkel, feingemahlen • 40 g kalte Butter

30 g kalte Reform-Margarine

1 Msp. Meersalz • 1/16 l sehr kaltes Wasser

Fülle:

500 g Lauch • 20 g Butter • 2 Msp. Meersalz

1 TL Shoyu • 100 g Bergkäse

Guß:

1/8 l Milch • 1/16 l Obers • 1/16 l Sauerrahm • 150 g Topfen

3 Eier • 1 EL Sojamehl • 1/2 TL Meersalz • etwas Muskatnuß

etwas Pfeffer aus der Mühle

Feingemahlenen Dinkel mit kalten Butterstückchen abbröseln, Reform-Margarine, Meersalz und recht kaltes Wasser beigeben und kurz verarbeiten. Eine halbe Stunde kaltstellen. Den Lauch längs durchschneiden, gut waschen und abgetropft 1/2 cm breit schneiden. In der Butter 2 Minuten dünsten, mit Meersalz und Shoyu würzen.

Pastetenteig ausrollen und Tortenform (26 cm Ø) damit auslegen. Den Teigrand, der bis zur halben Höhe des Tortenreifens reichen soll, gut andrücken. Den Lauch und den geriebenen Käse darauf verteilen. Sämtliche Zutaten für den Guß im Mixglas aufschlagen und gleichmäßig über die Füllung verteilen.

Auf unterster Schiene bei anfangs 220 Grad, zur Halbzeit 200 Grad, 30 Minuten backen. Für einige Minuten abstehen lassen, aus der Form nehmen und mit scharfem Sägemesser portionieren.

Lauch-Käsetorte eignet sich sowohl als warme Vorspeise als auch als Hauptgericht. Bei letzterem reicht man Salate als Beilage.

Linsenstrudel mit Sat'reisauce

Strudelteig:

150 g Dinkel, fein gemahlen

100 g feinst gemahlenes Naturmehl (Weizen oder Dinkel)

1/2 TL Meersalz • 2 EL Öl • 1/8 l lauwarmes Wasser

1 EL zerl. Butter zum Beträufeln • evtl. 1 Eigelb zum Bestreichen

Fülle:

300 g Linsen (am besten Berglinsen) • 3/4 l Wasser • 1 Lorbeerblatt

100 g Zwiebeln • 1 EL Butter oder Reform-Margarine

1 zerdrückte Knoblauchzehe • 1 EL gehackte Petersilie • 1 TL Majoran

1/2 TL Basilikum • 1/2 TL Bohnenkraut • 2 TL Miso

1 TL Tamari • 2 EL Sauerrahm • Meersalz

Sauce:

1 EL Butter • 1 EL gehackte Schalotten

2 EL Dinkelmehl • 1/4 l kräftige Gemüsebrühe • 2 EL Weißwein

1 Bund Sat'rei (Bohnenkraut) • 1 TL Reformsenf

2 EL Sauerrahm • 2 EL Obers • Tamari

Das Dinkelmehl aussieben (Kleie für die Fülle aufheben), mit dem Naturmehl auf ein Nudelbrett geben, eine Vertiefung machen, Salz und Öl beigeben, das Wasser mit einem Messer in das Mehl einarbeiten und zu einem geschmeidigen Teig kneten. Zugedeckt eine halbe Stunde rasten lassen.

Für die Fülle die Linsen waschen und mit dem Wasser (evtl. einige Zeit eingeweicht) und dem Lorbeerblatt weichkochen, bis die Flüssigkeit verkocht ist. Lorbeerblatt entfernen, Zwiebeln kleinwürfelig schneiden, in der Butter goldgelb rösten und mit den restlichen Zutaten zu den Linsen geben. Gut durchmischen und mit Tamari und Salz abschmecken.

Nun den Strudelteig auf bemehltem Tuch ausrollen und vorsichtig rechteckig ausziehen. Die Hälfte des Teiges mit der Fülle bestreichen, mit der ausgesiebten Kleie bestreuen und die freie Teigfläche mit zerlassener Butter beträufeln. Einrollen, auf leicht geöltes Blech geben, evtl. mit Eigelb bestreichen und bei 200 Grad 35 Minuten backen.

Für die Sauce gehackte Schalotten in Butter anlaufen lassen, mit Dinkelmehl stauben, Weißwein und Gemüsebrühe aufgießen, 15 Minuten kochen lassen, passieren und gehacktes Bohnenkraut beigeben. Senf mit Sauerrahm und Obers glattrühren und die Sauce damit verfeinern. Mit Tamari abschmecken. Den Strudel portionieren, anrichten, mit der Sauce bekränzen und mit Bohnenkrautsträußchen garnieren.

Empfehlenswerte Beilagen: Gedünstete rote Rüben, Winterkürbis oder Mostkraut.

Linsenstrudel als Suppeneinlage: Als Suppeneinlage verwenden Sie die halbe Menge.

Lustockpolenta mit Weißkraut in Wurzelsauce

1 l Wasser • 1 TL Meersalz • 350 g Maisgrieß • 1 EL Butter

3 EL gehackter Lustock (Liebstöckel) • Butter für die Form

800 g Weißkraut • 1 Msp. Meersalz • 1/2 TL Kümmel • 3/8 l Gemüsesud

80 g Karotten • 40 g Zwiebel • 40 g Sellerie • 20 g Petersilienwurzel

40 g Lauch • 1 Msp. Meersalz • 1 EL Butter • 1 1/2 EL Dinkelmehl

2 EL Weißwein • 1 TL Apfelessig • 2 EL Sauerrahm

2 EL Schlagobers • Tamari • 1 EL gehackte Petersilie

Wasser mit Salz aufkochen, Maisgrieß unter Rühren einrieseln lassen und bei öfterem Umrühren ca. 20 Minuten dünsten.

Gehackten Lustock in Butter kurz anschwitzen und unter Polenta mischen. In ausgebutterte Kastenform oder Reindlingform drücken und zugedeckt im Wasserbad warmstellen.

Weißkraut halbieren, vom Strunk befreien und in Achtel schneiden, mit 1/8 l Gemüsesud, Meersalz und Kümmel kernigweich dünsten.

Wurzelgemüse in Streifen schneiden und mit 1/4 l Gemüsesud und Meersalz kernigweich kochen (zuerst Karotten, nach 2 Minuten die weißen Gemüse und nach weiteren 2 Minuten den Lauch einkochen, welcher noch grün bleiben soll). Butter zerlassen, Mehl einrühren und mit dem Wurzelsud aufgießen, Weißwein und Essig beigeben.

Die Wurzeln inzwischen warmstellen. Sauce glattrühren, einige Minuten durchkochen lassen, mit dem Rahm verfeinern und mit Tamari abschmecken.

Beim Anrichten Polenta in Scheiben schneiden. Die Krautachtel mit der Sauce überziehen und Wurzelstreifen darüber verteilen. Mit gehackter Petersilie bestreuen.

Rahmschwammerl mit Semmelknödel

Semmelknödel:

250 g Vollkornknödelbrot • 1/8 l heißes Wasser • 1/8 l heiße Milch • 40 g Butter

50 g Zwiebel, feingehackt • 2 Eier • 1/2 TL Meersalz • Muskatnuß

etwas Pfeffer aus der Mühle • 2 EL gehackte Petersilie • 2 EL Dinkelmehl

Rahmschwammerl:

800 g Eierschwammerl • 60 g Zweibel, feingehackt • 30 g Butter

1/8 l Sauerrahm • 1/16 l Schlagobers • 1 EL Dinkelmehl • Meersalz

vegetabile Streuwürze • 2 EL gehackte Petersilie

Milch und Wasser erhitzen, über das Knödelbrot gießen und durchmischen. Butter erhitzen, Zwiebel darin leicht anrösten und über das Knödelbrot geben, Eier, Gewürze, Petersilie und Dinkelmehl dazugeben und gut durchmischen. Die Masse eine halbe Stunde anziehen lassen, Knödel formen und in Salzwasser 15 Minuten kochen. Beim Anrichten mit gehackter Petersilie bestreuen.

Die Schwammerl sauber waschen und abtropfen lassen, größere Schwammerl zerteilen. Feingehackte Zwiebel in Butter anschwitzen, Schwammerl beigeben und einige Minuten dünsten. Sauerrahm und Obers mit dem Mehl glattrühren, beigeben und kurz verkochen lassen. Mit Salz und Würze abschmecken, zuletzt gehackte Petersilie beigeben.

Roggennockerln mit Zwiebel

400 g Roggen, gemahlen • 1 TL Meersalz • 3 dl Wasser • 1 EL Sojamehl

Roggenmehl zum Ausrollen

250 g Zwiebeln • 2 EL Öl • 2 EL Butter • 1 Prise Meersalz

1 kl. Bund Schnittlauch • evtl. 100 g Bergkäse

Roggenmehl in eine Schüssel geben und salzen. Wasser aufkochen und darübergießen. Mit Kochlöffel gut abarbeiten, auf Nudelbrett geben und das Sojamehl einkneten. Auf bemehltem Brett aus dem Teig Rollen formen (1 1/2 cm Ø) in zentimeterbreite Stückchen schneiden und in reichlich kochendes Salzwasser geben.

Zirka 8 Minuten sieden lassen, abseihen, kalt abspülen und einige Zeit abtrocknen lassen. Zwiebeln kleinwürfelig schneiden und in größerer Pfanne in Öl und Butter goldgelb rösten, Nockerln beigeben und unter Durchschwenken kurz rösten. Mit einer Prise Salz würzen und beim Anrichten mit feingeschnittenem Schnittlauch bestreuen. Evtl. geriebenen Bergkäse darüberstreuen.

Roggennockerln als Suppeneinlage:
Verwenden Sie dazu ein Viertel der Menge des angegebenen Nockerlteiges.

Wer trinkt ohne Durst,
wer ißt ohne Hunger,
stirbt desto jünger.

(Martin Luther)

Schwammerlknödel mit Majoranbutter

300 g Eierschwammerl oder gemischte Pilze • 60 g Zwiebel • 50 g Butter

250 g Vollkornknödelbrot • 1/8 l Wasser • 1/8 l Milch • 2 Eier

1/2 TL Meersalz • Muskatnuß • 1 TL Tamari • 2 EL gehackte Petersilie

1 EL Sojamehl • 3 EL Dinkelmehl

60 g Butter • 1 Bund frischer Majoran

Die Schwammerl waschen und grob hacken. Zwiebeln kleinwürfelig schneiden, in Butter anrösten und Schwammerl mitrösten, bis sie trocken sind. Mit etwas Salz und Tamari würzen.

Wasser mit Milch erhitzen und über das Knödelbrot gießen. Schwammerl, Muskat, Petersilie, Sojamehl und Dinkelmehl daruntermischen und die Masse eine halbe Stunde durchziehen lassen. Knödel formen und in kochendes Salzwasser geben oder über Dampf 15 Minuten garen. Mit Knödelfänger anrichten und heißer Majoranbutter übergießen.

Für die Majoranbutter Butter erhitzen und abgerebelte Majoranblättchen darin aufschäumen lassen.

Evtl. geriebenen Bergkäse oder Parmesan darüberstreuen. Salat als Beilage reichen.

Für Schwammerlknödel als Suppeneinlage reicht die halbe Menge.

Spinatknödel mit Bergkäse

250 g Vollkornknödelbrot • 1/4 l heiße Milch • 250 g Blattspinat • 2 Eier
40 g Butter • 100 g Zwiebeln • 2–3 Knoblauchzehen • 1 TL Meersalz
etwas Muskatnuß, frischgerieben • Pfeffer aus der Mühle • 20 g Vollkornbrösel
40 g Dinkel, feingemahlen • 40 g Bergkäse, gerieben

80 g Bauernbutter • 80 g Zwiebel • 80 g Bergkäse, gerieben

Das trockene Knödelbrot mit der heißen Milch übergießen und leicht zusammendrücken. Den Spinat sauber waschen. Abgetropft in breiter Kasserolle zugedeckt kurz andünsten und offen ausdünsten, bis er trocken ist. Zwei Drittel davon im Mixglas mit den Eiern pürieren. Restlichen Spinat mittelfein hacken. Zwiebel feinwürfelig schneiden und in der Butter anrösten, über das Knödelbrot gießen, die zerdrückte Knoblauchzehe mit den übrigen Gewürzen sowie das Spinat-Ei-Gemisch und den gehackten Spinat beigeben. Alles gut vermischen. Zuletzt die Brösel, das Dinkelmehl sowie den geriebenen Käse einarbeiten und die Masse eine halbe Stunde kühl rasten lassen. Mit feuchten Händen 15 Knödel zu je 60 g formen, in größeren Topf mit kochendem Salzwasser einlegen und 12 Minuten leicht sieden lassen. Inzwischen Zwiebel feinwürfelig schneiden und in der Butter langsam goldbraun rösten. Die fertigen Knödel gut abgetropft anrichten, mit dem Zwiebelbutterschmalz übergießen und mit geriebenem Käse bestreuen.

Anmerkung: Für die Anregung zu diesem Rezept danke ich meinem lieben Kollegen, Küchenmeister Werner Ultsch aus Innsbruck.

Spinattascherl in Salbeirahm

Nudelteig:

250 g Dinkelmehl • 1 Dotter • 1/2 TL Meersalz

1 EL Olivenöl • ca. 1/8 l Wasser

Fülle:

250 g Blattspinat • 1/2 EL Butter • 1 EL gehackte Schalotten

1 zerdrückte Knoblauchzehe • etwas Meersalz • Muskatnuß, gerieben

Pfeffer aus der Mühle • 80 g passierter Bauerntopfen, fest

1 Dotter • 30 g geriebener Bergkäse

Salbeirahm:

1 EL Butter • 1 EL feingehackte Schalotten • 1/16 l Weißwein

1 EL feingeschnittene Salbeiblätter • 1/8 l Schlagobers • 1 Prise Meersalz

Die angegebenen Zutaten zu einem glatten Nudelteig kneten (10 Minuten) und zugedeckt eine halbe Stunde rasten lassen.

Inzwischen die Fülle zubereiten: den Spinat waschen und gut abgetropft kurz dünsten. Den trockenen Spinat fein hacken oder faschieren. Die feingehackten Schalotten in der Butter leicht anrösten, Spinat beigeben, kurz andünsten und mit Knoblauch, Salz, Muskat und Pfeffer würzen. In die überkühlte Masse Topfen, Dotter und Parmesan einrühren.

Den Teig auf bemehltem Brett dünn rechteckig ausrollen und in der Mitte durchschneiden. Auf ein Teigblatt in Abständen von zirka drei Zentimetern kleine Häufchen Fülle dressieren. Teig mit etwas Wasser bepinseln und zweites Teigblatt darübergeben. Rund um die Fülle leicht andrücken, mit Teigradler in Vierecke schneiden, diese in kochendes Salzwasser geben und ca. 8 Minuten leicht sieden lassen. Gut abgetropft im Salbeirahm schwenken und beim Anrichten mit frischen Salbeiblättchen garnieren. Eventuell geriebenen Parmesan extra dazureichen.

Für den Salbeirahm die Butter erhitzen und feinstgehackte Schalotten darin anschwitzen. Mit dem Weißwein ablöschen und fast zur Gänze reduzieren lassen. Salbeiblätter beigeben, mit dem Schlagobers aufgießen, leicht salzen und nochmals kurz erhitzen.

Schwammerlroggen oder -dinkel

2 Tassen (250 g) Roggen oder Dinkel • 4 Tassen Wasser

300 g verschiedene Pilze oder Champignons • 60 g Schalotten oder Zwiebel

2 EL Butter • 1 Knoblauchzehe • etwas Thymian • Meersalz

Shoyu oder Tamari • 2 EL gehackte Petersilie

Roggen oder Dinkel gut waschen und im Wasser über Nacht einweichen.

Im Drucktopf bei schwacher Hitze ca. eineinviertel Stunden weichdünsten. Pilze putzen, waschen und blättrig schneiden. Schalotten oder Zwiebel feinwürfelig schneiden und in der Butter anrösten. Schwammerl beigeben, mit zerdrücktem Knoblauch, Thymian und Meersalz würzen und einige Minuten dünsten. Gekochten Roggen oder Dinkel und die Hälfte der Petersilie beigeben, mit Shoyu oder Tamari abschmecken und beim Anrichten mit restlicher Petersilie bestreuen.

Wer Ganzheit ißt, erkennt die Ganzheit.

Südkärntner Bohnentopf

250 g weiße Bohnen mit dreifacher Menge Wasser über Nacht eingeweicht
3/4 l Wasser • 1/3 TL Bohnenkraut • 150 g Zwiebeln • 1 EL Öl
1 EL Butter • 2 Knoblauchzehen • 1 EL Paradeismark

250 g Weizenfleisch (Seitan) oder festen Tofu • 1/2 TL Meersalz
1 Lorbeerblatt • 1/2 EL Paprika, edelsüß • 1 St. feingehackter Pfefferoni
200 g Tomaten • 120 g grüner Paprika • 60 g roter Paprika • 1 EL Apfelessig

1 EL gehackte frische Kräuter (Bohnenkraut, Thymian, Basilikum und Rosmarin)
1 TL Maisstärke • 1 TL Miso • 4 cl Weißwein • Tamari
1 EL gehackte Petersilie

Bohnen abgießen und mit dem Wasser und Bohnenkraut weichkochen. Zwiebeln in Spalten schneiden und in Öl und Butter hell rösten. Gehackte Knoblauchzehen und Paradeismark kurz mitrösten und mit Bohnenwasser aufgießen, Apfelessig sowie Gewürze beigeben.

Tomaten schälen (dazu Stielansatz ausschneiden und Tomaten ca. 10 Sekunden in kochendes Wasser geben, kalt abschrecken und Haut abziehen) und in Spalten schneiden, Paprika aushöhlen, vierteln und in zentimeterbreite Streifen schneiden, beigeben und ca. 15 Minuten dünsten. Seitan oder Tofu in rechteckige Stückchen schneiden (ca. 1 1/2 x 3 cm) und beigeben. Bohnen und gehackte Kräuter hinzufügen. In Weißwein angerührte Stärke und Miso einrühren. Nochmals aufkochen lassen und mit etwas Tamari abschmecken. Beim Anrichten mit Petersilie bestreuen.

Dazu schmeckt am besten Vollkornbrot. Aber auch Semmelknödel, Dampfkartoffeln oder Naturreis eignen sich als Beilage.

Tålggnsterz

³/8 l Wasser • 1 TL Meersalz

¹/2 kg Roggen-, Hafer- oder Weizentålggn (Mehl aus gedarrtem Getreide)

evtl. etwas Butter

Wasser mit Salz aufkochen. Tålggn nach und nach einrühren und weg vom Feuer 10 Minuten zugedeckt quellen lassen.

In einer Richtung durchgabeln und evtl. mit Butter abschmalzen.

Tip:

Tålggnsterz schmeckt auch gut mit Rosinen (ca. 50 g Naturalrosinen zum Wasser geben).

Herstellung von Tålggn siehe unter Produktionformation, Seite 150.

Topfenplattlan

200 g in der Schale gekochte Erdäpfel • 60 g Zwiebel, feingehackt

1 ¹/2 EL Öl • 250 g trockener Bauerntopfen • 120 g mittelfein gemahlener Dinkel

• 1 Ei • ¹/2 TL Meersalz • ¹/2 TL Kräutersalz

je 1 EL gehackte Petersilie und Kerbelkraut • 1 zerdrückte Knoblauchzehe

1 TL Majoran • ¹/2 TL Basilikum

etwas Streumehl • Öl zum Braten

1 Bund Kresse oder Kräuselpetersilie • 4 Radieschen

Erdäpfel schälen, noch heiß passieren und auskühlen lassen. Zwiebel in Öl anrösten und beigeben. Mit den restlichen Zutaten gut verarbeiten. Aus dem Teig eine dicke Rolle formen, 8 Scheiben abschneiden, mit etwas Dinkelmehl bemehlen und mit den Händen dünne „Platteln" formen. In etwas heißem Öl goldbraun herausbraten.

Anrichten und mit Kresse oder Krausepetersilie und Radieschensternen garnieren. Als Beilage passen Salate.

Türkensterz

1 l Wasser • 1 1/2 TL Meersalz • 1/2 kg Maisgrieß

evtl. etwas Butter

Wasser mit Salz aufkochen und Maisgrieß so darüberrieseln lassen, daß er darauf schwimmt. Mit Kochlöffel kreuzförmig durchstechen, damit das Wasser durchkochen kann. Zugedeckt bei mäßiger Hitze 20 Minuten dünsten und 10 Minuten abstehen lassen. Mit Sterzgabel durchrühren – am besten nur in einer Richtung.

Eventuell abschmalzen, indem die Butter in Stückchen beim Durchgabeln beigegeben wird.

Tip:

Es ist vorteilhaft, den Maisgrieß vorher über Nacht im warmen Rohr zu trocknen oder in einer Pfanne zu „linden" (trocken unter Rühren erhitzen).

Überbackene Heidenpalatschinken mit Spinatfülle

Palatschinkenteig:

120 g Buchweizen, feingemahlen • 100 g Dinkel, feingemahlen

1/4 l Wasser • 1/4 l Milch • 1 gestrichener TL Meersalz

1 EL Sojamehl • 1 Ei

Öl zum Backen

Gerstenschrotbällchen in Dillrahmsauce

Spinatspatzen mit Zwiebelrahm und Bergkäse

Fülle:

600 g frischer Spinat • 40 g Zwiebel • 20 g Butter • 2 Knoblauchzehen

1 Msp. Meersalz • etwas Muskatnuß • etwas Pfeffer aus der Mühle

1 TL Shoyu • die Hälfte der Béchamelsauce

Béchamel:

45 g Butter • 45 g Hirse, feingemahlen • 3/8 l Milch • 1 Msp. Meersalz

etwas Muskatnuß • evtl. 1 Dotter

2 EL Obers • 40 g Parmesan, gerieben • 30 g Butter, zerlassen

Für den Palatschinkenteig feingemahlenen Buchweizen und Dinkel mit Wasser, Milch, Meersalz und Sojamehl glattrühren. Zuletzt das Ei einrühren und den Teig eine halbe Stunde stehen lassen. In der Zwischenzeit den Spinat waschen und auf einem Sieb abtropfen lassen. In möglichst weitem Topf kurz zugedeckt dünsten, unter Rühren offen ausdämpfen, anschließend leicht überkühlen lassen und nicht zu fein hacken.
Nun aus dem Teig in heißer Pfanne mit etwas Öl 8 Palatschinken backen.

Für die Béchamelsauce Butter erhitzen und Hirsemehl darin kurz anschwitzen. Mit Milch aufgießen, Meersalz und Muskat würzen und kurz verkochen lassen. Vom Feuer nehmen und evtl. Dotter einrühren.

Für die Spinatfülle Zwiebel fein aufreiben und in Butter anschwitzen. Den gehackten Spinat beigeben und zerdrückten Knoblauch, Meersalz, Muskat, Pfeffer, Shoyu sowie die Hälfte der Béchamelsauce daruntermischen. Die Palatschinken damit füllen und auf leicht mit zerlassener Butter bestrichenes Backblech legen. Obers unter die restliche, nochmals erhitzte Béchamel rühren und die Palatschinken damit überziehen. Mit geriebenem Parmesan bestreuen und zerlassener Butter beträufeln. Im vorgeheizten Rohr bei 230 Grad auf oberster Schiene goldbraun überbacken (ca. 10 Minuten).

TIP:

Wie bei allen Rezepten mit Spinat sollte man auch dieses Gericht einmal zur Abwechlung mit jungen Brennesseln zubereiten. Sie sind gesundheitlich wertvoller und haben einen kräftigeren Geschmack als Spinat.

Überbackene Krautpalatschinken

Teig:

220 g feingemahlener Dinkel • 1/4 l Mineralwasser • 1/4 l Milch

1 EL Sojamehl • 1 gestrichener TL Meersalz • 1 Ei

oder ohne Ei:

220 g feingemahlener Dinkel • 1/2 l Mineralwasser oder Wasser

3 EL Sojamehl • 1 gestrichener TL Meersalz • 1/16 l Milch oder Sojamilch

etwas Öl zum Herausbacken

Fülle:

160 g Zwiebeln • 3 EL Öl • 600 g Weißkraut • 1/2 EL Gerstenmalz

1/2 TL Kümmel • 1/2 TL Meersalz • 1 Knoblauchzehe • Pfeffer aus der Mühle

1/16 l Weißwein, naturbelassen • 1/8 l Wasser • 1 TL Miso (Sojapaste)

1/2 TL Stärkemehl (Kuzu) • 3 EL Wasser • 1 EL Tamari

Milcheinmachsauce (Béchamel):

30 g (3 EL) Butter • 30 g (3 EL) Hirse, feingemahlen • 1/4 l Milch

1 Msp. Meersalz • etwas Muskatnuß gerieben

30 g Parmesan oder 60 g Bergkäse gerieben • 30 g Butter

Alle Zutaten zu glattem Teig verrühren, eine halbe Stunde stehen lassen und mit wenig Öl 8 Palatschinken herausbacken.

Für die Fülle kleinwürfelig geschnittene Zwiebeln in Öl anrösten, in kürzere Streifen geschnittenes Kraut, Gerstenmalz und Gewürze beigeben, mit Weißwein ablöschen und Wasser aufgießen und kernigweich dünsten (ca. 20 Minuten). Miso und Stärkemehl mit Wasser und Tamari glattrühren und Kraut damit leicht binden. Auf die Palatschinken verteilen, einrollen und auf leicht befettetes Backblech legen, mit der Milcheinmachsauce überziehen, Parmesan bestreuen und zerlassener Butter beträufeln. Im gut vorgeheizten Rohr auf oberster Schiene bei 230 Grad goldbraun überbacken (ca. 10 Minuten).

Für die Béchamelsauce Hirsemehl in Butter anschwitzen, mit der Milch aufgießen, glattrühren, Salz und Muskat beigeben und kurz verkochen lassen.

Weizen- oder Dinkellaibchen mit Egerlingsauce

Laibchen:

250 g (2 Tassen) Weizen oder Dinkel, gröber geschrotet • 1/2 l Wasser

1/2 TL Meersalz • 60 g Zwiebel • 1 EL Butter • 1 EL gehackte Petersilie

1 EL gehackte Kräuter wie Basilikum, Majoran, Lustock (Liebstöckel)

Kräutersalz • Tamari

Sauce:

1/4 kg Egerlinge (wilde oder Braunkappen-Champignons) • 40 g Schalotten

2 EL Butter • 1 1/2 EL Dinkelmehl • 1/16 l Weißwein • 1/4 l Gemüsebrühe

1/16 l Obers • 1 EL gehackte Petersilie

Wasser mit Salz aufkochen, Weizen- oder Dinkelschrot unter Rühren einrieseln lassen und zugedeckt bei öfterem Umrühren 15–20 Minuten dünsten. Zwiebel feinwürfelig schneiden, in Butter anrösten und beigeben. Die Masse etwas überkühlen lassen, mit Kräutern, Kräutersalz und Tamari würzen, gut durchmischen und mit nassen Händen 12 Laibchen formen. In heißer Pfanne mit etwas Öl beidseitig goldbraun braten. Mit der Egerlingsauce anrichten, Gemüse oder Salat als Beilage.

Für die Egerlingsauce die Pilze waschen und blättrig schneiden. Feingehackte Schalotten in Butter anschwitzen, Pilze beigeben und kurz dünsten. Mit Mehl stauben, Wein und Gemüsebrühe aufgießen und einige Minuten kochen. Mit Salz abschmecken und Obers verfeinern. Zuletzt die gehackte Petersilie beigeben.

Zwiebelfleck (Zwiebelpizza)

Germteig:

1/4 l lauwarmes Wasser • 20 g Germ • 1/2 TL Honig • 1 EL Olivenöl

1 Msp. Fenchel, gemahlen • 380 g Weizen oder Dinkel, feingemahlen

1 gestrichener TL Meersalz • Vollmehl zum Ausrollen

Belag:

40 g Olivenöl • 800 g Zwiebeln • 1/2 TL Meersalz

2 zerdrückte Knoblauchzehen • 1/2 TL Kümmel

etwas Pfeffer aus der Mühle • 1 EL Tamari

1 TL Basilikum • 1 TL Oregano • 80 g geraffelter Bergkäse

Germ und Honig im lauwarmen Wasser auflösen. Öl, Fenchel, Vollmehl und Salz beigeben und 10 Minuten kneten, eine halbe Stunde gehen lassen.

Inzwischen Zwiebeln feinblättrig schneiden und in Olivenöl langsam schmoren, bis sie leicht Farbe annehmen. Gewürze und zuletzt Tamari beigeben und gut vermischen. Auskühlen lassen.

Den Teig auf gut bemehltem Brett in Backblechgröße ausrollen und auf das Backblech geben, dabei die Teigränder leicht an die Blechränder drücken. Die Zwiebelstreifen darauf verteilen. Basilikum, Oregano und geraffelten Bergkäse daraufstreuen, ca. 10 Minuten gehen lassen und im vorgeheizten Rohr bei 250 Grad auf unterster Schiene 12 Minuten backen. In Rechtecke schneiden und sofort servieren.

Der Zwiebelfleck kann sowohl als herzhafte Vorspeise, Imbiß oder auch mit Salaten als Hauptgericht gereicht werden.

Warme Süßspeisen und Nachspeisen

Bei Verwendung als Hauptgericht wird die doppelte Menge gerechnet.

Apfelcrêpes mit Nußbutter und Preiselbeersauce

Crêpes-Teig:

1/4 l Milch • 120 g Dinkel, feingemahlen • 1 Ei • 1 Dotter

1 Msp. Meersalz • 4 cl (4 EL) Schlagobers • 20 g zerlassene Butter

Fülle:

4 größere Äpfel (z. B. Gravensteiner) • 1 EL Butter • 1 EL Honig

1 EL Weißwein • 1 Msp. Naturvanille

Nußbutter:

je 10 g Walnüsse und Haselnüsse, grobgeschnitten

je 10 g Mandeln, gestiftelt und Pignoli • evtl. Pistazien

20 g Butter • 1 EL Honig • 1 dl Schlagobers

Preiselbeersauce:

120 g Preiselbeeren • 4 cl Wasser • 2 EL Honig

frische Zitronenmelisse

Für die Crêpes sämtliche Zutaten zu glattem Teig rühren und eine halbe Stunde rasten lassen. Inzwischen alle übrigen Zutaten bereitstellen. Äpfel schälen, entkernen und in dünnere Spalten schneiden. Butter, Honig, Weißwein und Vanille in Pfanne oder Kasserolle erwärmen. Apfelspalten darauf verteilen und zugedeckt vorsichtig kernigweich dünsten. Preiselbeeren mit Wasser kurz kochen, im Mixer fein pürieren und Honig einrühren.

Kleine Eisenpfännchen erhitzen, dünn mit Crêpesteig ausgießen, anbacken und wenden. Die Crêpes zur Hälfte mit Apfelspalten belegen und falten.

Mit Nußbutter überziehen, mit Preiselbeersauce, Apfelspalten und Zitronenmelisse garnieren.

Für die Nußbutter die Nüsse in der Butter leicht rösten, Honig beigeben und Obers einrühren. Nur mehr kurz aufkochen lassen.

Apfelknödel mit Mostsauce

Apfelknödel:

400 g Äpfel • 20 g zerlassene Butter • 1 Ei • 100 g Dinkelmehl

50 g Dinkelgrieß • 1 Prise Meersalz • 1 Msp. Naturvanille

etwas geriebene Naturzitronenschale oder gehackte Zitronenmelisse

Sauce:

Apfelschalen • 1/8 l Wasser • 1/16 l Süßmost

1 1/2 EL Birnendicksaft oder Honig • 1 kl. St. Zimtrinde • 3 Gewürznelken

1 kl. St. Naturzitronenschale oder etwas Zitronenmelisse

1 1/2 TL Stärke (Maizena, besser Pfeilwurzmehl oder Kuzu)

1/16 l Most • 1 roter Apfel

oder Mostschaumsauce wie bei „Bratäpfel mit Mostschaum“

Zimt zum Bestreuen • Melisseblätter zum Garnieren

Die Äpfel schälen (Schalen für die Sauce aufheben), entkernen und in kleine Würfel schneiden. Zerlassene Butter, Ei, Mehl, Grieß und die Gewürze beigeben. Gut vermischen und die Masse eine Stunde kalt stellen. 12 Knöderl formen, in leicht gesalzenes, kochendes Wasser geben und 12 Minuten sieden lassen.

Gut abgetropft anrichten. Mit der Mostsauce übergießen, mit Zimt bestreuen und den Apfelspalten und Melisseblättern garnieren.

Für die Sauce die Apfelschalen mit dem Wasser 10 Minuten auskochen und den Sud abseihen. Süßmost, Birnendicksaft oder Honig sowie die Gewürze beigeben und aufkochen. Stärke im Most anrühren und unter Rühren beigeben. Die Sauce einige Minuten durchkochen lassen und abseihen.

Den roten Apfel halbieren, entkernen, in 12 Spalten schneiden und diese in der Sauce kurz ziehen lassen.

Apfelpudding mit Glühmostsauce

Apfelpudding:

2 mittelgroße Äpfel (200 g) • 1 EL Weißwein • 1 EL Apfelsaft • 1 TL Rum

2 Eigelb • 40 g Honig • 1 Msp. Naturvanille

etwas geriebene Naturzitronenschale • 1 Msp. Zimt • 40 g geriebene Nüsse

40 g Dinkel, gemahlen • 2 Eiklar • 1 Prise Meersalz

Sauce:

$^1/_8$ l Most • 1 kl. St. Zimtrinde • 2 Gewürznelken

1 kl. St. Naturzitronenschale • 1 Scheibchen Ingwer • 1 Eigelb

2 EL Birnen- oder Apfeldicksaft • $^1/_2$ TL Maizena oder Pfeilwurzmehl

Zum Garnieren:

1 roter Apfel • 1 EL Honig • 1 EL Wasser • frische Zitronenmelisse

Die Äpfel schälen, entkernen und in kleine Würfel schneiden. Mit Apfelsaft, Weißwein und Rum kurz dünsten und ausdämpfen lassen, bis sie trocken sind. Eigelb mit Honig schaumig rühren, Gewürze und überkühlte Apfelwürfel beigeben. Nüsse mit gemahlenem

Dinkel vermischen, Eiklar mit Salz zu Schnee schlagen und abwechselnd mit Nüsse-Dinkelmehl unter die Dotter-Apfelmasse ziehen.

In gebutterte, mit Vollkornbrösel ausgestreute Portions-Puddingformen füllen, in eine Kasserolle oder Bratpfanne stellen, bis zur halben Höhe kochendes Wasser eingießen und im Rohr bei 180 Grad 30 Minuten garen.

Bei Verwendung einer großen Puddingform wird diese mit Deckel verschlossen und in einem Topf am Herd eine Stunde gekocht.

Den fertigen Pudding auf Teller stürzen, mit der Glühmostsauce überziehen und mit roten Apfelspalten, die kurz in Honigwasser angedünstet wurden, sowie Melisseblättern garnieren.

Für die Glühmostsauce den Most mit den Gewürzen zum Aufkochen bringen, 10 Minuten ziehen lassen und abseihen. Eigelb mit Birnen- oder Apfeldicksaft und Stärke in einem Kessel mit Schneerute glattrühren, Glühwein einschlagen und über Dampf dickschaumig schlagen.

Apfelradln in Mostteig mit Gewürzsauce

Mostteig:

1/16 l Most • 1/16 l Mineralwasser • 1 EL Öl • 1 Msp. Meersalz

1 Dotter • 100 g Dinkel, feingemahlen • 1 Eiweiß • 1 TL Rohrohrzucker

4 mittelgroße Äpfel • Öl zum Backen

Gewürzsauce:

1/8 l Wasser • 1 St. Zimtrinde • 4 Gewürznelken • 4 Pimentkörner

1 St. Zitronenschale • 1/3 Vanilleschote • etwas Ingwer

1 1/2 EL Honig • 1 TL Stärkemehl • 1/16 l Most • 4 cl Obers

Most, Mineralwasser, Öl, Salz und Dotter in eine Schüssel geben, Dinkelmehl hinzufügen und kurz zu glattem Teig rühren (bei zu langem Rühren wird der Teig leicht zäh).

Mindestens eine halbe Stunde rasten lassen und erst vor der Verwendung Eiweiß zu Schnee schlagen, Rohrohrzucker einschlagen und unterziehen.

Die Kerngehäuse ausstechen, Äpfel schälen und in zentimeterdicke Scheiben schneiden. Die Apfelschalen und Kerngehäuse mit dem Wasser und den Gewürzen 20 Minuten zugedeckt auskochen, abseihen und gut ausdrücken. Honig zum Sud geben und aufkochen, Stärke im Most anrühren und unter Rühren einkochen. Eine Minute verkochen lassen, zuletzt das flüssige Obers einrühren.

Öl erhitzen, die Apfelscheiben durch den Teig ziehen und schwimmend herausbacken. Auf Gitter oder Küchenkrepp abtropfen lassen.

Beim Anrichten etwas Sauce neben die Apfelscheiben geben und sofort servieren. Restliche Sauce extra dazureichen.

Bratäpfel mit Mostschaum

4 mittelgroße Äpfel • 1 EL Korinthen

1 EL grobgehackte Hasel- oder Walnüsse • 20 g Butter

2 Eigelb • 30 g Honig (1 1/2 EL) • 1/8 l Most • 1 Msp. Zimt

evtl. 4 EL Preiselbeerkompott • frische Zitronenmelisse

Mit dem Apfelausstecher Kerngehäuse der Äpfel ausstechen und die Äpfel kreisförmig in der Mitte, an der dickbauchigsten Stelle, leicht einschneiden. In mit Butter ausgestrichenes Geschirr geben. Mit Korinthen und grob gehackten Nüssen füllen. Mit Butterflocken belegen. Im vorgeheizten Rohr bei 200 Grad ca. 25 Minuten braten.

Für den Mostschaum Most, Honig, Eidotter und Zimt in einem Schneekessel über Dampf dickschaumig aufschlagen.

Beim Anrichten die Äpfel zum Teil damit überziehen und restlichen Schaum um den Apfel herum geben. Evtl. mit Preiselbeerkompott und frischer Zitronenmelisse garnieren.

Tip:
Statt Most kann man auch Süßmost verwenden, dabei empfiehlt es sich, nur 20 g (1 EL) Honig zu nehmen und einige Tropfen Zitronensaft beizugeben.

Breinniggelen mit Himbeersauce

160 g Goldhirse, feingemahlen • 3/16 l Wasser • 80 g Butter

1 Msp. Meersalz • 1 Ei • 1 Dotter

Öl zum Backen

200 g Himbeeren • 1/16 l Wasser • 2 EL Honig

1 1/2 EL Hirseflocken • 1/2 EL Rohrohrzucker

Wasser mit Butter und einer Msp. Meersalz aufkochen, Goldhirsemehl rasch einrühren und abrösten, bis sich der Teig vom Geschirr löst. Leicht überkühlen lassen, Ei und Dotter einrühren und kaltstellen.

Aus dem Teig eine zwei Zentimeter dicke Rolle formen, in ebenso breite Stückchen schneiden und mit den Händen zu kleinen Kugeln formen.

Für die Sauce Himbeeren, Wasser und Honig im Mixglas pürieren und durch ein Sieb streichen.

Für den Hirsestaubzucker Hirseflocken und Rohrohrzucker in der elektrischen Schlagmühle (Kaffeemühle) fein pulverisieren.

Die Hirsebrandteigkugeln in heißem Öl goldbraun herausbacken. Kurz auf Küchenkrepp geben, anrichten und mit dem Hirsestaubzucker leicht bestreuen. Mit der Himbeersauce auftragen.

Dinkelpalatschinken mit Mohnfülle und Apfelsauce

Palatschinken:

100 g Dinkel, feingemahlen • 1/8 l Mineralwasser • 1/8 l Milch

1 Msp. Meersalz • 1 EL Sojamehl oder 1 Ei

Öl und Butter zum Ausbacken

Fülle:

1 1/2 dl Wasser • 120 g Mohn, feingemahlen • 30 g Naturalrosinen

1 1/2 EL Honig oder Birnendicksaft • 1 Msp. Naturvanille

etwas abgeriebene Naturzitronenschale • 1 Msp. Zimt

1 EL Rum • 1 Tropfen Orangenöl

Sauce:

250 g rote Äpfel • 1/8 l Wasser • 1 kl. St. Zimtrinde • 1 Gewürznelke

1 Prise Meersalz • 1 Prise Naturvanille • 1 EL Honig oder Birnendicksaft

1 Msp. Stärke (Maizena oder Pfeilwurzmehl) • 1 EL Wasser

Dinkelmehl mit Mineralwasser, Milch und Meersalz glattrühren, Sojamehl oder Ei daruntermischen und eine halbe Stunde rasten lassen.

Inzwischen die Apfelsauce bereiten: Äpfel waschen, von Stengel und Fliege (Blütenansatz) befreien und in Stückchen schneiden. Mit Wasser, Zimtrinde und Nelke weichkochen, im

Mixer pürieren und durch ein Sieb streichen. Mit Meersalz, Vanille und Honig oder Birnendicksaft würzen. Aufkochen und mit in kaltem Wasser angerührter Stärke zu sämiger Konsistenz leicht eindicken.

Für die Mohnfülle Wasser mit Rosinen erhitzen, feingemahlenen Mohn einrühren, einige Minuten kochen lassen, Honig oder Birnendicksaft sowie Aromate beigeben und warmstellen.

Mit etwas Öl und Butter in heißer Pfanne 4 Palatschinken backen, mit der Mohnfülle bestreichen und falten. Beim Anrichten etwas Apfelsauce über die Palatschinken ziehen, restliche Sauce seitlich dazugeben.

Dörrzwetschkenknödel im Mandelkleid auf Grantnschaum

Topfenteig lt. Rezept Zwetschkenknödel, Seite 109.

Fülle:

300 g Dörrzwetschken, entsteint und gehackt • 30 g Walnüsse, gehackt

30 g Haselnüsse, gehackt • 1 EL Rum • 1 TL Zimt • 1 Msp. Nelkenpulver

1 Msp. Naturvanille • etwas geriebene Zitronen- und Orangenschale

80 g gehobelte Mandeln, im Rohr hellbraun geröstet

Preiselbeerschaum:

1/16 l Wasser • 80 g Preiselbeeren • 2 EL Honig • 2 Eiweiß • 1 Prise Zimt

Für die Fülle sämtliche Zutaten gut vermischen, 12 Kugeln zu je 30 g formen und wie Zwetschkenknödel in Topfenteig einhüllen. In Salzwasser 12 Minuten kochen, gut abgetropft in gerösteten Mandelblättchen rollen und auf Preiselbeerschaum anrichten.

Für den Preiselbeerschaum sämtliche Zutaten fein mixen und über Dampf aufschlagen.

Anmerkung: Für die Anregung zu diesem Rezept danke ich meinem lieben Kollegen Küchenmeister Karl Messner vom Hotel Astoria in Pörtschach/Wörthersee.

Gebackene Hollerblüten

Backteig:

1/8 l Milch oder Most • 1/8 l Mineralwasser • 2 EL Öl • 1/2 TL Meersalz

1 Msp. Naturvanille • 2 Dotter • 1 TL Rum • 200 g Dinkel, feingemahlen

2 Eiweiß • 2 TL Rohrohrzucker

8–12 mittelgroße Holunderblüten • Öl zum Backen

etwas Zimt • 4 EL Honig • 2 EL Wasser

Milch oder Most, Öl, Meersalz, Vanille, Dotter und Rum in eine Schüssel geben. Das Mehl mit Schneerute einrühren und kurz zu glattem Teig rühren. Mindestens eine halbe Stunde rasten lassen, Eiweiß zu Schnee schlagen, Rohrohrzucker einschlagen und unter den Teig ziehen.

Öl erhitzen, Hollerblüten beim Stiel fassen, in Backteig tauchen, etwas abtropfen lassen und so ins heiße Öl drücken, daß sie die ursprüngliche Größe erreichen. Goldgelb backen und gut abgetropft kurz auf Küchenkrepp legen, damit das restliche Öl aufgesaugt werden kann.

Beim Anrichten leicht mit Zimt bestäuben und Honig, der mit Wasser erwärmt wurde, dazureichen.

Gefüllte Dampfnudeln mit Honigbutter

Germteig:

300 g frischgemahlener Dinkel • 20 g Germ

1/8 l lauwarme Milch • 20 g Honig (1 EL)

1 Msp. Zitronenmelisse oder etwas abgeriebene Naturzitronenschale

1 Ei • 1/2 TL Meersalz • 20 g Butter

Fülle:

40 g Powidl oder Marillenmarmelade

Honigbutter:

40 g Butter • 40 g Honig

Zum Bestreuen:

30 g gemahlener Mohn

Germ und Honig in lauwarmer Milch auflösen, Zitronenmelisse oder Zitronenschale und Ei beigeben, das Dinkelmehl und Salz einarbeiten, zerlassene Butter beigeben und den Teig 10 Minuten gut abschlagen. Mit einem Tuch bedeckt 20 Minuten gehen lassen. Nach dem Aufgehen mit einem Eßlöffel 8 Stücke abstechen, diese mit Handballen auf bemehltem Brett flachdrücken, mit Marmelade füllen, Teigränder hochziehen und gut zusammendrücken. Knödel formen, auf bemehltem Tuch an warmem Ort 15–20 Minuten gut aufgehen lassen.

Auf einem Einsatz über Dampf ca. 15 Minuten garen oder – falls kein Dampftopf vorhanden – mit Oberseite nach unten in kochendes Salzwasser legen und 8 Minuten leicht siedend garen. Zur Halbzeit vorsichtig wenden. Der Kochtopf muß weit genug sein, damit die Nudeln schön aufgehen können.

Mit Schaumlöffel herausnehmen, sofort mit Gabel zweimal anstechen, damit sie nicht zusammenfallen. Beim Anrichten mit Honigbutter übergießen und mit gemahlenem Mohn bestreuen.

Gewürzäpfel im Schlafrock mit Grantnsauce

Topfenteig:

200 g Dinkel, feingemahlen • 1/2 EL Sojamehl • 1/2 TL Meersalz

100 g kalte Butter • 100 g Topfen, passiert

ca. 1/16 l kaltes Wasser

4 größere oder 8 kleinere Äpfel • 1/8 l Wasser • 1/16 l Weißwein

1 kl. Zimtrinde • 2 Gewürznelken • 1 Msp. Naturvanille

1 kl. Zweigerl Zitronenmelisse • 1 EL Honig

ca. 80 g Honigmarzipan • 2 Mandeln

Grantnsauce:

160 g Preiselbeeren • 1 EL Honig • 3 EL Sud vom Gewürzapfel

Zitronenmelisse zum Garnieren

Dinkelmehl mit Sojamehl, Salz und zerkleinerter, kalter Butter mit Händen verreiben, Topfen und kaltes Wasser beigeben, kurz zu glattem Teig kneten und kaltstellen.

Kerngehäuse ausstechen und die Äpfel schälen. Schalen und Kerngehäuse mit dem Wasser 10 Minuten auskochen, abseihen und gut ausdrücken. Zum Sud Weißwein, Gewürze und Honig geben, die Äpfel darin kernig dünsten, im Sud abkühlen und gut abtropfen lassen.

Teig auf bemehltem Brett ausrollen, in Quadrate teilen, mit Äpfeln belegen, mit Honigmarzipan füllen und die Teigecken über die Äpfel schlagen. Mit je einem Teigfleckerl belegen und 2 Mandelstiften bestecken. Bei 220 Grad ca. 15 Minuten backen. Mit Grantnsauce anrichten und Melisse garnieren.

Für die Grantnsauce die Preiselbeeren mit dem Honig und dem Apfelsud weichkochen und im Mixer fein pürieren.

Hasenöhrlan, Polsterzipfeln oder Scheadlan

300 g Dinkel, feingemahlen • 1/8 l Milch • 30 g Butter

1/2 TL Meersalz • 1/2 EL Honig • 1 Ei • 1 EL Rum

Dinkelmehl zum Auswalken • Öl zum Backen

Apfelmus oder Schwarzbeerkompott

Butter zerlassen, Milch, Salz und Honig beigeben und erwärmen, Rum und Ei beigeben, das Mehl einrühren und zu glattem Teig kneten.

Eine Stunde rasten lassen und auf bemehltem Brett drei Millimeter dick auswalken. Mit Teigradl zu verschobenen Rechtecken ausradeln und in heißem Öl goldbraun herausbacken. Auf Küchenkrepp legen, damit restliches Öl aufgesaugt wird und sofort servieren.

Dazu reicht man Apfelmus oder Schwarzbeerkompott.

Heidenmehlauflauf mit Erdbeer-Joghurtsauce

2 Dotter • 2 EL (40 g) Honig • 1/16 l Milch • 1/16 l Schlagobers

1 Prise Naturvanille • 1 Prise Zimt • etwas zerriebene Zitronenmelisse

120 g Buchweizen, gemahlen • 2 Eiklar • 1 Prise Meersalz

Butter für die Formen

120 g Erdbeeren • 1 EL Birnendicksaft • 1/2 Becher Joghurt

2 EL geschlagenes Obers

Erdbeeren und Zitronenmelisse zum Garnieren

Südkärntner Bohnentopf

Kärntner Eisreinling

Dotter mit Honig schaumig rühren, Milch, Obers, Gewürze und Heidenmehl beigeben. Eiklar mit Salz zu Schnee schlagen und unter die Masse heben. In gebutterte Auflaufförmchen geben und im heißen Wasserbad im Rohr 20 Minuten garen.

Stürzen, mit Erdbeer-Joghurtsauce bekränzen und mit Erdbeeren und Zitronenmelisse garnieren.

Für die Sauce Erdbeeren mit Birnendicksaft mixen, mit Joghurt verrühren und das geschlagene Obers unterziehen.

Anmerkung: Für die Anregung zu diesem Rezept danke ich meinem lieben Kollegen, Dipl.-Diät-Küchenmeister Peter Mayr vom Golfhotel in Dellach/Wörthersee.

Holzhackerknödel auf Zwetschkenmandl

1/4 l Wasser • 25 g Butter • 1/3 TL Meersalz

200 g Holzhackergrieß oder Dinkelgrieß • 1 EL Sojamehl

400 g Zwetschken • 1/4 l Wasser • 1 kl. St. Zimtrinde

2 Gewürznelken • 1 kl. St. Naturzitronenschale

1 kl. St. Vanilleschote • 1–2 EL Birnendicksaft oder Honig

1/2 EL Butter • 1 EL Dinkelmehl • evtl. 1 EL Rum

Wasser mit Butter und Salz aufkochen und über Holzhackergrieß gießen, Sojamehl beigeben und gut durchmischen. Die Masse eine Stunde anziehen lassen.

12 Knöderl zu je 40 g formen, in kochendes Salzwasser legen und 15 Minuten ziehen lassen. Mit Knödelfänger vorsichtig herausnehmen und gut abgetropft auf dem Zwetschkenmandl anrichten.

Für das Zwetschkenmandl die Zwetschken entkernen und vierteln. Wasser mit den Gewürzen und Birnendicksaft oder Honig aufkochen, Zwetschken beigeben und kurz weichkochen. Inzwischen Butter zerlassen, Dinkelmehl darin anschwitzen, zum Zwetschkenkompott geben und unter Rühren einige Minuten köcheln lassen. Eventuell mit Rum abschmecken und auf Teller anrichten.

Kärntner Apfelnudeln mit Zitronenmelissen-Honigbutter

Nudelteig lt. Rezept „Kärntner Nudeln", Seite 60.

Fülle:

1/2 kg Äpfel • 1/4 kg Bröseltopfen • 50 g Vollkornbrösel

30 g geröstete, gehackte Haselnüsse • 1–2 EL Honig oder Birnendicksaft

1 TL Zimt • 1 Msp. Nelken, gemahlen • 1 Msp. Naturvanille, gemahlen

1/2 geriebene Naturzitronenschale oder etwas Zitronenmelisse, gerieben

2 EL Butter • 2 EL Wasser • 2 EL Honig

frische Zitronenmelisseblättchen

Die Äpfel waschen, reiben und mit dem Topfen gut verarbeiten. Die restlichen Zutaten daruntermischen und die Masse vor der Verwendung eine halbe Stunde durchziehen lassen.

Kärntner Nudeln, wie auf Seite 60 beschrieben, ausarbeiten und in kochendes Salzwasser geben. 10 Minuten leicht sieden lassen.

Beim Anrichten mit der Honigbuttersauce überziehen.

Für die Honigbuttersauce Butter, Wasser und Melisseblättchen aufkochen und Honig einrühren.

Kärntner Mohnnudeln

Teig:

120 g feingemahlener Dinkel • 1 Msp. Meersalz

$^1/_2$ EL Sonnenblumenöl • ca. $^1/_{16}$ l Wasser

Fülle:

80 g feingemahlener Mohn • 80 g Bauerntopfen

40 g Dinkelbrot in kleinste Würfelchen geschnitten

1 EL Karobemehl • 1 EL Birnendicksaft • $^1/_2$ EL Honig

1 TL Rum • 1 Msp. Zimt • 1 Msp. Zitronenmelisse

Zum Begießen:

1 EL Wasser • 2 EL Butter • 2 EL Honig

Zum Bestreuen:

1 $^1/_2$ EL Karobemehl • $^1/_2$ TL Zimt

Teig- und Nudelzubereitung siehe „Kärntner Nudeln", Seite 60.

Für die Fülle sämtliche Zutaten gut vermischen. Daraus 12 kleine Kugeln zu je 25 g formen.

Die gekochten Nudeln mit der Honigsauce übergießen und mit Karobemehl, das mit Zimt vermischt wurde, bestreuen.

Für die Honigsauce sämtliche Zutaten aufkochen.

Kletzennudeln

Nudelteig lt. Rezept „Kärntner Mohnnudeln“, Seite 99.

Fülle:

120 g Kletzen (Dörrbirnen) über Nacht eingeweicht • 120 g Bauerntopfen

2 Msp. Zimt • 1 EL Honig • 20 g Walnüsse, gehackt • 1 Msp. Nelken, gemahlen

1 Msp. Piment, gemahlen • etwas abgeriebene Naturzitronenschale

oder Zitronenmelisse • 1 TL Rum oder Birnenschnaps

Sauce:

2 EL Butter • 2 EL Honig • 2 EL Wasser

Teig 10 Minuten kneten, 30 Minuten rasten lassen. Die Kletzen weichkochen, putzen und feinhacken oder faschieren. Mit restlichen Zutaten gut vermischen und 8 Kugeln zu je 40 g formen. Teig ausrollen und in Abständen von zirka sechs Zentimetern eine Reihe Fülle auflegen, Teig überschlagen, um die Fülle herum festdrücken, Taschen ausstechen oder ausradeln, abkrändeln, in kochendes Salzwasser legen, 12 Minuten sieden lassen, gut abgetropft anrichten und mit Honigbuttersauce überziehen.

Für die Sauce die Zutaten aufkochen lassen.

Lavanttaler Türkentommele

2 Tassen (180 g) Maisgrieß • 2 1/2 Tassen Wasser • 2 1/2 Tassen Milch

1/2 TL Meersalz • 40 g Butter • 300 g Äpfel (Lavanttaler Bananen)

20 g Korinthen (Weinbeeren) • 1 TL Zimt • 1 EL Honig

1 EL Honig • 1 EL Wasser • 3 EL Karobemehl

Wasser mit Milch zum Kochen bringen und den Maisgrieß unter Rühren einrieseln lassen, das Meersalz beigeben. Ca. 10 Minuten zugedeckt dünsten lassen.

Inzwischen die Äpfel waschen, Stengel entfernen und in dünne Scheibchen schneiden oder raffeln. Feuerfeste Form (Backrein) mit 20 g Butter ausstreichen. Halbe Maisgrießmasse darin verteilen, die geschnittenen Äpfel daraufgeben, mit Korinthen und Zimt bestreuen, Honig darüberträufeln, zweite Hälfte der Maisgrießmasse daraufstreichen.

Mit 20 g Butterflocken belegen und im Rohr bei 180 Grad eine halbe Stunde backen. Honig mit Wasser erwärmen, darüberziehen und mit dem Karobemehl bestreut auftragen.

Lebzeltnauflauf mit Bierschaum

40 g weiche Butter • 30 g Honig • 2 Dotter • 1 Msp. Naturvanille

1/2 TL Lebkuchengewürz (Zimt, Nelken, Piment, Kardamom, Ingwer, Muskat)

etwas geriebene Naturzitronenschale • 3 EL Milch • 70 g Lebkuchen, gerieben

1 EL Karobepulver • 1 EL Kakao • 30 g Walnüsse, kleingehackt

2 Eiklar • 1 Prise Meersalz

Butter und Lebkuchenbrösel für die Formen

Bierschaum:

1/8 l Bier • 20 g Honig • 2 Dotter • 1 Msp. Zimt

evtl. 4 EL Preiselbeerkompott

Die Butter mit Honig und Dotter schaumig rühren, Gewürze und Milch beigeben. Lebkuchenbrösel mit Karobepulver, Kakao und Walnüssen vermischt einrühren und zuletzt den mit einer Prise Salz steifgeschlagenen Schnee locker unterziehen. Die Masse in gebutterte, mit Lebkuchenbröseln ausgestreute Auflauf- oder Puddingformen geben und im heißen Wasserbad bei 180 Grad eine halbe Stunde im Rohr garen. Auf heiße Teller stürzen, mit Bierschaum und evtl. Preiselbeeren bekränzen.

Für den Bierschaum sämtliche Zutaten im Schneekessel über Dampf dickschaumig aufschlagen und sofort anrichten.

Tip:
Für Kinder könnte man statt Bier Apfelsaft nehmen.

Mohnauflauf mit Grantnschaum

50 g weiche Butter • 40 g (2 EL) Honig • 2 Dotter • 1 Msp. Naturvanille
1 Msp. Zitronenmelisse • 1/8 l Milch • 80 g feingemahlener Mohn
40 g Vollkornbrösel • 2 Eiklar

Butter und gemahlener Mohn für die Formen

1/8 l Schlagobers • 4 EL (80 g) Preiselbeerkompott, nicht zu flüssig

Die Butter mit Honig, Dotter, Vanille und Zitronenmelisse schaumig rühren. Milch, Mohn und Brösel einrühren und zuletzt den steifgeschlagenen Schnee unterziehen. Die Masse in ausgebutterte und mit gemahlenem Mohn ausgestreute Metall-Puddingformen oder Porzellan-Auflaufformen füllen, in passendes Geschirr stellen, dieses bis zur halben Höhe der Formen mit kochendheißem Wasser füllen und ca. 30 Minuten bei 180 Grad im vorgeheizten Rohr garen.

Auf Teller stürzen und seitlich den Grantnschaum beigeben.

Für den Grantnschaum das Obers steif schlagen und Preiselbeerkompott daruntermischen.

Preiselbeer-Äpfel auf geeister Mandelsauce

60 g Mandeln • 1/4 l Wasser • 1 1/2 EL heller Honig • 1 Prise Meersalz

4 cl Obers • 1 gestrichener TL Maisstärke oder Kuzu

4 cl Wasser • 1 Tropfen Bittermandelöl

4 mittelgroße Äpfel • 20 g Butter, zerlassen • 1–2 EL Rohrohrzucker

4 EL Preiselbeeren, frisch oder tiefgekühlt

40 g Mandeln gestiftelt

Mandeln kurz überkochen und schälen. Wasser aufkochen, Mandeln beigeben und im Mixglas 2 Minuten feinst pürieren. Mit Honig, Meersalz und Obers zum Aufkochen bringen, Stärke mit Wasser verrühren und einkochen. 1 Minute kochen lassen, Bittermandelöl beigeben, unter Rühren abkühlen lassen und gut kaltstellen.

Die Äpfel waschen, der Länge nach halbieren und mit Kugelausstecher aushöhlen. In leicht gebuttertes Geschirr geben, Vertiefungen mit Rohrohrzucker ausstreuen und Preiselbeeren füllen. Mit restlicher Butter beträufeln. Im vorgeheizten Rohr bei 220 Grad ca. 20 Minuten braten. Die gestiftelten Mandeln in ein Pfandl geben und gleichzeitig im Rohr goldgelb rösten. Die gut gekühlte Mandelsauce kurz aufschlagen und auf kalte Teller verteilen. Die heißen Bratäpfel daraufsetzen und rundherum den Saucenrand mit den gerösteten Mandelstiften garnieren.

Tip:

Beim Servieren sollte die Sauce recht gut gekühlt und die Bratäpfel noch ganz heiß sein. Dieser Kontrast macht diese Nachspeise erst interessant.

Rohnennudeln

Nudelteig lt. Rezept „ Kärntner Mohnnudeln“, Seite 99.

Fülle:

100 g Rohnen (rote Rüben) gekocht • 80 g festerer Bauerntopfen

80 g Mohn, gemahlen • 20 g Naturalrosinen oder Korinthen • 1/2 EL Honig

1 Msp. Zimt • etwas abgeriebene Naturzitronenschale

oder gehackte Zitronenmelisse • 1 TL Rum

Honigbuttersauce:

1 EL Butter • 1 EL Wasser • 1 EL Honig

Für die Fülle die gekochten und geschälten Rohnen fein reiben und mit den restlichen Zutaten gut vermischen. Eine halbe Stunde stehen lassen, wie bei „G'radelten Kärntner Nudeln“ geschildert, ausarbeiten und in Salzwasser ca. 10 Minuten kochen.

Die fertigen Nudeln gut abgetropft anrichten und mit Honigbuttersauce überziehen.
Für die Sauce alle Zutaten aufkochen lassen.

Schottraunkn (Topfenkrapferl)

20 g Germ • 3/16 l Milch • 1 EL Honig • 1 TL Rum

etwas abgeriebene Naturzitronenschale • 1 Ei • 1 Dotter • 3/4 TL Meersalz

250 g Bauerntopfen • 250 g Dinkel, feingemahlen • Öl zum Backen

evtl. 2 EL Rohrohrstaubzucker und 1 TL Zimt

Kompott oder Apfelmus als Beilage

Germ in lauwarmer Milch auflösen, restliche Zutaten beigeben und 10 Minuten zu glattem Teig abschlagen. Zugedeckt ca. eine Stunde gehen lassen (der Teig soll doppelte Höhe aufweisen!).

Mit in Öl getauchtem Eßlöffel rundliche Nockerln vom Teig abstechen und in nicht zu heißem Öl beidseitig langsam goldbraun backen (man sollte überprüfen, ob die Raunkn auch durchgebacken sind). Gut abgetropft auf Küchenkrepp geben, damit restliches Öl aufgesaugt wird. Die angerichteten Schottraunkn evtl. leicht mit Zimtzucker bestreuen und mit Kompott oder Apfelmus auftragen.

Schwarzbeermandl mit Dinkelnockerln

Nockerln:

320 g Dinkel, gemahlen • 1/4 l Wasser

1 Dotter (kann auch weggelassen werden) • 1 EL Öl

1/2 TL Meersalz • Salzwasser zum Einkochen

Mandl:

1/4 l Wasser • 1 l Schwarzbeeren (Heidelbeeren) • 4 Gewürznelken

je 1 Stückerl Zimtrinde, Naturzitronenschale, Vanilleschote • 2 EL Rohrohrzucker

2 EL Honig • 2 EL Butter • 4 EL Dinkelmehl

Sämtliche Zutaten für die Nockerln zu einem glatten Teig verrühren, kurz abschlagen und eine halbe bis eine Stunde rasten lassen. Topf mit Salzwasser aufstellen.

Inzwischen für das Schwarzbeermandl Wasser mit den Gewürzen, Zucker und Honig aufkochen lassen. Schwarzbeeren beigeben und wieder zum Kochen bringen. In der Zwischenzeit die Butter zerlassen und das Mehl kurz darin anschwitzen. Diese Einmach zum Schwarzbeerkompott geben und unter Rühren einige Minuten kochen lassen, bis das Mandl eine sämige Konsistenz aufweist.

Nun mittels naßem Eßlöffel vom Teig Nockerln abstechen und ins kochende Salzwasser einlegen. Nach ca. 12 Minuten Kochzeit die Nockerln abseihen.

Schwarzbeermandl auf Teller anrichten und die Nockerln sternförmig daraufsetzen. Evtl. in der Mitte mit frischer Zitronenmelisse garnieren.

Tip:
Die Nockerln werden lockerer, wenn der Dinkel nicht zu fein (mehr „grießmäßig") gemahlen wird.

Topfenknödel auf Kletzenpfeffer und Apfelmus

50 g Vollweizen- oder Dinkelsemmel, kleinwürfelig geschnitten • 1 EL Milch

30 g weiche Butter • 1 Ei • 1 Msp. Meersalz • 1 Msp. Naturvanille

1 Msp. Zitronenmelisse oder abgeriebene Naturzitronenschale

200 g Bauerntopfen, passiert • 1 EL Sojamehl

80 g Dinkel, mittelfein gemahlen oder feiner Dinkelgrieß

120 g Kletzen über Nacht in 1/4 l Wasser eingeweicht • 1 kl. St. Zimtrinde

3 Gewürznelken • 1 EL Rum

8 EL Apfelmus

Semmelwürfel mit Milch befeuchten. Butter mit dem Ei und den Gewürzen schaumig rühren, Topfen einrühren, Dinkelgrieß, Semmelwürfel und Sojamehl daruntermischen. Die Masse eine Stunde kalt stellen.

Für den Kletzenpfeffer die Kletzen im Einweichwasser zugedeckt weichkochen, putzen und kleinschneiden oder grob faschieren. Mit dem Kochsud vermischen und aufkochen. Falls zu dick, etwas Wasser beigeben, mit Rum abschmecken.

Aus der Topfenmasse mit feuchten Händen 12 Knödel formen und in kochendes Salzwasser geben. 12 Minuten leicht sieden lassen.

Kletzenpfeffer und Apfelmus auf Teller verteilen und gut abgetropfte Knödel darauf anrichten.

Tip:

2 EL Sonnenblumenkerne trocken rösten, grob hacken und auf die Knödel geben. Oder geröstete Vollkornbrösel mit zerlassener Butter daraufgeben.

Topfennockerln auf Schwarzbeermandl

25 g weiche Butter • 2 mittelgroße Eier • 1 Msp. Meersalz

1 Msp. Naturvanille • etwas abgeriebene Naturzitronenschale

250 g passierter Topfen • 50 g mittelfein gemahlener Dinkel oder Dinkelgrieß

1/8 l Wasser • 2 EL Birnendicksaft • 2 Gewürznelken

1 kl. St. Naturzitronenschale • 1 kl. St. Zimtrinde

250 g Schwarzbeeren (Heidelbeeren) • 1 EL Butter • 1 EL Dinkelmehl

Weiche Butter mit Eiern und Gewürzen schaumig rühren, passierten Topfen und zuletzt den zu Mehlgrieß vermahlenen Dinkel daruntermischen. Die Masse eine Stunde kaltstellen.

Inzwischen das Schwarzbeermandl bereiten: Wasser mit Birnendicksaft und Gewürzen zum Kochen bringen, Schwarzbeeren beigeben und aufkochen lassen. Butter zerlassen und Dinkelmehl kurz darin anschwitzen, zum Schwarzbeerkompott geben, unter Rühren einige Minuten durchkochen lassen und kaltstellen.

Leicht gesalzenes Wasser zum Kochen bringen, aus der Topfenmasse mit nassem Eßlöffel 12 schöne Nockerln abstechen und einlegen. 15 Minuten ziehen lassen. Das kalte

Schwarzbeermandl auf tiefe Teller verteilen, die vorsichtig mit Gitterlöffel herausgenommenen und gut abgetropften Nockerln darauf anrichten und sofort servieren.

Tip:

Statt Schwarzbeermandl passen auch Hollermandl oder Vanille- und Erdbeersauce sehr gut zu den Topfennockerln.

Topfenreinkelen (Schottreinkelen) mit Hollermandl

Topfenreinkelen:

250 g fester Bauerntopfen • 120 g Dinkel, gemahlen

1 Msp. Meersalz • 1 Ei • 1 TL Honig

1 TL feingehackte Zitronenmelisse oder abgeriebene Naturzitronenschale

Öl zum Braten

Hollermandl:

1/2 l schwarze Hollerbeeren • 1/16 l Wasser • 1/16 l Rotwein

1 kl. St. Zimtrinde • 2 Gewürznelken • 1 kl. St. Naturzitronenschale

1 Msp. Naturvanille • 2 EL Honig oder Birnendicksaft

1 EL Butter • 1 1/2 EL Dinkelmehl

Für die Topfenreinkelen sämtliche Zutaten gut vermischen. Die Masse etwas rasten lassen, mit Löffel abstechen und kleine Laibchen formen.

Für das Hollermandl die Hollerbeeren mit Wasser, Rotwein, Gewürzen und Honig oder Birnendicksaft aufkochen, Butter und Dinkelmehl mit einer Gabel gut verkneten und beigeben. Unter Rühren einige Minuten kochen, bis das Mandl schön sämig ist.

Die Topfenreinkelen in etwas Öl langsam goldgelb braten und sofort mit dem Hollermandl auftragen. Statt Hollermandl paßt natürlich auch Apfelmus oder Schwarzbeermandl.

Zwetschken- oder Marillenknödel

I. Erdäpfelteig:

1/2 kg mehlige Erdäpfel • 120 g Dinkel gemahlen • 50 g Dinkelgrieß

10 g Butter • 1 TL Meersalz • 1 Dotter

II. Topfenteig:

250 g Dinkel, gemahlen • 250 g passierter Bauerntopfen

80 g Butter • 1/2 TL Meersalz • 1 Ei

III. Hirse- oder Tålggnteig (ohne Ei):

1/2 kg gedünstete Hirse oder Tålggnsterz (vom Vortag oder vom Frühstück)

120 g Dinkel, mittelfein gemahlen • 1 EL Sojamehl • evtl. etwas Wasser

Fülle:

ca. 1/2 kg Zwetschken oder Marillen • 60 g Dinkelbrösel • 3 EL Butter

3 EL Honig • etwas Zimt

I.: Die Erdäpfel in der Schale weichdämpfen oder kochen, schälen und noch heiß passieren. Ausdämpfen lassen, Dinkelmehl, Grieß, Butter, Salz und Dotter beigeben und kurz zu einem Teig kneten.

II.: Sämtliche Zutaten rasch zu einem glattem Teig kneten und kurz kaltstellen.

III.: Sämtliche Zutaten zu einem glattem Teig kneten und kurz rasten lassen.

Ausarbeitung: Den gewählten Teig auf bemehltem Brett zu Rolle formen und in Scheiben schneiden. Auf jede Scheibe eine Frucht drücken, mit dem Teig umhüllen, gut zusammendrücken und mit bemehlten Händen zu Knödel drehen.

In kochendes Salzwasser legen und ca. 15 Minuten sieden. Gut abgetropft in goldbraun gerösteten Semmelbröseln rollen, mit Honigbutter überziehen und mit etwas Zimt bestäuben.

Zwetschkentörtchen mit Zimtschaum

Mürbteig:

120 g Dinkel und 80 g Hafer, zusammen fein gemahlen

50 g Butter und 50 g Reform-Margarine, kalt • 1 Msp. Meersalz

1 Msp. Naturvanille • etwas geriebene Naturzitronenschale oder Zitronenmelisse

1 EL Honig • 5 cl kaltes Wasser

Belag:

ca. 1/2 kg süße Zwetschken

Zimtschaum:

1/8 l Weißwein • 20 g (1 EL) Honig oder Birnendicksaft

2 Dotter • 1/2 TL Zimtpulver

Sämtliche Zutaten rasch zu glattem Teig verarbeiten und ca. eine halbe Stunde kühlstellen.

Für den Belag die Zwetschken halbieren, entkernen und jede Hälfte einmal längs einschneiden. Den Teig auf bemehltem Brett zwei Millimeter dünn ausrollen, mit Krapfenausstecher Scheiben ausstechen und mit den Zwetschkenspalten belegen. Bei 210 Grad ca. 15 Minuten backen und noch heiß mit dem Zimtschaum servieren.

Für den Zimtschaum sämtliche Zutaten im Schneekessel über Dampf dickschaumig schlagen.

Der Mensch ist, was er ißt.

Kalte Nachspeisen

Apfel-Kletzenschaum

120 g Kletzen über Nacht in Wasser eingeweicht • 600 g Äpfel

1/16 l Wasser • 1 EL Honig • 1 Msp. Naturvanille • 1 Msp. Zimt

1 TL Rum • 1/8 l Schlagobers • 20 g geröstete, gestiftelte Mandeln

Die Kletzen im Einweichwasser weich kochen. Die Äpfel waschen, von Stengeln befreien und in Stückchen schneiden. Mit 1/16 l Wasser weichdünsten, im Mixer pürieren, durch feines Sieb streichen und den Honig beigeben.

Die Kletzen putzen, indem man die harten Teile, Stengel, Blütenansätze und Kerne entfernt. Das Kletzenfleisch mit 4 EL des Kletzenwassers im Mixer fein pürieren und mit Naturvanille, Zimt, Rum und einem Drittel vom Apfelmus vermischen.

Das Obers steif schlagen, 2 EL zum Garnieren wegnehmen und jeweils die Hälfte des restlichen Schlagobers unter erkaltetes Apfel- und Kletzenmus ziehen. Schichtweise in Gläser füllen und kaltstellen. Mit Schlagobers und gerösteten Mandelsplittern garnieren.

Äpfel mit Vanille- und schwarzer Ribiselsauce

Dunstäpfel:

4 mittelgroße Äpfel • 1/4 l Wasser • 1/16 l Weißwein

1 EL Birnendicksaft oder Honig • 1 kl. Zimtrinde • 2 Gewürznelken

Vanillesauce:

3/16 l Milch • 1/2 gespaltene Vanilleschote • 1 Prise Meersalz • 1 1/2 EL Honig

1 1/2 EL Hirse, feingemahlen • 1/16 l Kompottsaft • 1 Dotter • 1/16 l Obers

Ribiselsauce:

150 g schwarze Ribisel • 1/16 l Wasser • 1 1/2 EL Honig

Zum Garnieren:

einige Minzeblätter • 4 Zweigerl schwarze Ribisel • evtl. 4 Kugeln Zimt-Honigeis

Die Äpfel schälen, längs halbieren und Kerngehäuse mit Kugelausstecher entfernen. Schalen und Kerngehäuse im Wasser 10 Minuten auskochen und abseihen. Zum Sud Weißwein, Birnendicksaft, Zimtrinde und Nelken geben. Die Apfelhälften darin kernigweich dünsten und kaltstellen.

Inzwischen die Vanillesauce bereiten: Die Milch mit der halbierten Vanilleschote und einer Prise Salz aufkochen und den Honig beigeben. Die Hirse mahlen, mit Kompottsaft glattrühren und unter Rühren einkochen. 2 Minuten kochen lassen, Eidotter mit Obers verschlagen und einrühren. Die Sauce durchseihen und kaltstellen.

Für die Ribiselsauce die Beeren mit dem Wasser fein mixen, durch Haarsieb streichen und mit dem Honig verrühren.

Serviervorschläge: Die abgetropften Apfelhälften auf Teller anrichten, mit Vanillesauce überziehen. Die Ribiselsauce kreisförmig um die Äpfel verteilen und mittels Zahnstocher Muster ziehen oder die Äpfel zur Hälfte mit Vanille- und Ribiselsauce überziehen. Mit Ribiseltraübchen und Minzeblättern garnieren. Eine gute Ergänzung wäre noch je eine Kugel Zimt-Honigeis.

Birne in Gewürzgelee

4 reife (weichere) Birnen • 3/8 l Wasser

1/8 l Weißwein, naturbelassen • 4 St. Gewürznelken

je 1 kl. St. Zimtrinde, Naturzitronenschale, Vanilleschote, Ingwer

1 Prise Salz • 2 EL Birnendicksaft • 3/4 TL Agar-Agar-Pulver

20 g geröstete, gestiftelte Mandeln

Kastanienäpfel auf Vanillesauce

Körbe voller süsser Früchte: Himbeeren vom Markt

Birnen waschen, schälen (Schalen aufheben), halbieren oder vierteln und entkernen. Schalen und Kerngehäuse mit dem Wasser 10 Minuten auskochen und abseihen. Dem Sud Weißwein, Gewürze und Birnendicksaft beigeben.

Die Birnenhälften oder -vierteln einlegen, langsam kernigweich dünsten, aus dem Sud heben und in Dessertschalen verteilen. Das Agar-Agar in 4 EL kaltem Wasser anrühren und in den Sud einrühren. Nochmals bis zum Aufkochen erhitzen, kurz abstehen lassen und noch heiß über Birnen verteilen. Kaltstellen und mit gestiftelten, gerösteten Mandeln bestreuen. Evtl. mit Zitronenmelisse oder Minze garnieren.

TIP:

Da mit Agar-Agar zubereitetes Gelee bereits bei Körpertemperatur zu stocken beginnt, sollte man es noch heiß bzw. bei dünnwandigem Glas (Vorsicht, Glas könnte zerspringen) gut warm einfüllen.

Birne in Mostschaumcreme

2 mittelgroße Birnen • 1/8 l Most • 1/8 l Süßmost

2 EL Birnendicksaft oder Honig • 1/2 TL Agar-Agar-Pulver • 2 Dotter

1 gestrichener TL Maisstärke oder Pfeilwurzmehl • 1/2 l Schlagobers

einige Himbeeren oder Brombeeren • Zitronenmelisse

Die Birnen schälen, längs halbieren und das Kerngehäuse entfernen. Mit Most, Süßmost, 1 EL Birnendicksaft oder Honig weichdünsten und auskühlen lassen.

Die Birnenhälften gut abgetropft in Dessertschalen legen. Den Birnen-Most-Sud in Schneekessel geben, 1 EL Birnendicksaft oder Honig, Stärke und Agar-Agar darin anrühren, Dotter beigeben und über Dampf dicklich schlagen. Den Schaum in kaltem Wasser unter öfterem vorsichtigem Umrühren abkühlen lassen (zwischen lauwarm und kühl). Obers nicht zu steif schlagen, 2 EL zum Garnieren beiseite geben und den Rest locker unter die Creme ziehen. Sofort über die Birnen verteilen und kaltstellen. Mit Schlagobers, Beeren und Zitronenmelisse dekorieren.

Drautaler Birnen

4 größere, weiche Birnen • 1 EL Zitronensaft • $^1/_4$ l Süßmost

1 kl. Zimtrinde • 2 Gewürznelken • 1 Spur Meersalz

80 g Preiselbeermarmelade

evtl. Zitronenmelisse oder Minze

Birnen waschen, schälen, längs halbieren, Kerngehäuse ausstechen. Birnenhälften mit Zitronensaft beträufeln und zudecken.

Birnenschalen und Kerngehäuse mit $^1/_8$ l Wasser 10 Minuten zugedeckt leicht auskochen, abseihen und dabei gut ausdrücken.

Den Sud mit Süßmost, Zimtrinde, Nelken und Meersalz zum Aufkochen bringen. Birnen einlegen und zugedeckt weichdünsten. Im Sud erkalten lassen.

Mit etwas Saft anrichten, Höhlung mit Preiselbeeren füllen und evtl. mit frischer Zitronenmelisse oder Minze garnieren.

Gebirgshonigeis

1 Ei • 1 Eigelb • 40 g (2 EL) Gebirgshonig

$^3/_{16}$ l Schlagobers

Ei, Eigelb und Honig im Schneekessel über Wasserbad warm aufschlagen (40 Grad). In schmales Rührgefäß geben und mit Handmixer so lange schlagen, bis die Masse kalt und dickschaumig ist. Das nicht zu fest geschlagene Obers locker unterziehen. In Metallpuddingformen oder kleine Wandelform füllen, mit Folie abdecken und in das Tiefkühlfach stellen. Gefrierdauer bei Portionsformen ca. 4 Stunden. Wandelformen am besten über Nacht durchfrieren lassen.

Beim Anrichten kurz in warmes Wasser tauchen, mit Messerspitze lösen und auf Teller stürzen. Evtl. mit Fruchtsauce und frischen Früchten garnieren.

Die Masse reicht für 4–6 kleine Formen.

Tip:

Sollte das Eis durch zu tiefe Temperatur zu fest geworden sein, stellt man es für kurze Zeit in den Kühlschrank. Dieses Halbgefrorene soll nie zu fest werden, da es sonst schwierig zu essen und zu kalt für den Magen wäre. Bei zu fester Konsistenz kommt auch der Geschmack nicht richtig zur Geltung.

Grantnschleck (Preiselbeercreme)

250 g reife Preiselbeeren • 4 EL (80 g) Honig • 250 g Topfen, passiert

1 Prise Meersalz • 1/8 l Schlagobers • einige Minzeblätter

Die Preiselbeeren einige Minuten kochen, Honig beigeben und kaltstellen. 1 EL zum Garnieren beiseite geben. Den Rest mit dem Topfen und einer Prise Salz gut verrühren.

Das Obers steifschlagen, 2 EL zum Garnieren weggeben und den Rest unter die Creme ziehen. In Gläser füllen, mit Schlagobers, Preiselbeeren und Minzeblättern garnieren.

Tip:

Beim ursprünglichen Feldkirchner-Grantnschleck wurden die Preiselbeeren mit gleichviel Obers gerührt. Durch die Topfenbeigaben und das geschlagene Obers wird der sonst sehr üppige Nachtisch leichter und bekömmlicher.

Gesulzte Mandelmilch mit Waldbeeren

100 g Mandeln • 1/2 l Wasser • 1 Msp. Meersalz • 3 EL heller Honig

1 EL Stärke (Maisstärke oder besser Kuzu) • 1/16 l Wasser

1 TL Agar-Agar-Pulver • 2 Tropfen Bittermandelöl

160 g Himbeeren • 160 g Heidelbeeren • 80 g Walderdbeeren

80 g Brombeeren • 2 EL Wasser • 1 EL Honig

frische Minzeblätter • etwas Rohrohr-Staubzucker

Die Mandeln in Wasser überbrühen, abseihen und schälen (am besten in einem Tuch kräftig abreiben). Im Universal-Zerkleinerer feinst mahlen, 1 EL Honig beigeben und zu ganz feiner Paste mixen (Marzipan).

1/2 l Wasser, Salz und restlichen Honig zum Aufkochen bringen. Stärke mit der Hälfte des Wassers anrühren, zur Paste geben und die Mandelmilch damit eindicken. Kurz durchkochen lassen. Das mit dem restlichen Wasser verrührte Agar-Agar beigeben, nochmals aufkochen lassen und mit dem Bittermandelöl parfümieren. Puddingformen mit kaltem Wasser ausspülen. Creme einfüllen und kaltstellen. Jeweils die Hälfte der Himbeeren und Heidelbeeren getrennt im Mixer fein pürieren, mit etwas Honig und Wasser zu dicklichen Saucen verrühren und evtl. durch feines Sieb streichen. Die kalte Mandelsulz stürzen und auf großen Tellern anrichten. Mit den beiden Saucen und den Beeren umgeben, mit Minzeblättern dekorieren und diese leicht mit Zucker besieben.

Haselnuß-Eistorte

Biskuitboden:

2 Eier • 40 g Honig • 1 Msp. Naturvanille • 50 g feingemahlener Dinkel

Parfaitmasse:

2 Eier • 2 Dotter • 100 g Honig • 1/2 l Schlagobers

150 g Haselnüsse • 4 EL Honig • Karobepulver • 1/8 l Schlagobers

Eier, Honig und Vanille über Dampf warm, dann kalt schlagen und Dinkelmehl locker unterziehen. In gebutterter, bemehlter Springform (22 cm Ø) verteilen, bei 200 Grad backen.

Haselnüsse im Rohr hellbraun rösten und schälen (in Tuch abreiben und auf grobem Sieb rütteln), ein Drittel im Allzweck-Zerkleinerer zu feiner Creme (Nougat) mixen. 12 Stück Haselnüsse zum Garnieren aufheben. Restliche Haselnüsse grob hacken und mit 2 EL karamelisiertem Honig vermischen, auf leicht geölte Platte geben und erkaltet grob hacken oder reiben (Krokantbrösel). Eier, Dotter, Honig über Dampf warm, dann kalt schlagen und geschlagenes Obers unterziehen, Masse teilen und eine Hälfte mit Nougat vermischen. Helle Masse in Springform auf Biskuit verteilen, mit Karobepulver besieben und die zweite Masse daraufgeben. Glattstreichen und tiefkühlen. Die reservierten 12 Haselnüsse mit 2 EL gekochtem Honig glasieren. Die Eistorte aus dem Reifen nehmen, mit Schlagobers einstreichen und Krokantbrösel einstreuen. In 12 Portionen einteilen und mit Schlagobersrosetten und den glasierten Haselnüssen garnieren.

Himbeercreme (ohne Schlagobers)

3/8 l Milch • 1 Prise Meersalz • 50 g Hirse, feingemahlen • 1/8 l Wasser

1 Prise Naturvanille • 1 1/2 EL (50 g) Honig oder Birnendicksaft

1/2 TL Agar-Agar-Pulver • 2 EL Wasser • 200 g Himbeeren

Zum Garnieren:

evtl. 1/16 l Schlagobers • einige schöne Himbeeren • Zitronenmelisseblättchen

Milch mit der Prise Meersalz erhitzen, feingemahlene Hirse mit Wasser anrühren und einkochen. Vanille und Honig oder Birnendicksaft beigeben und 2 Minuten unter Rühren kochen lassen. Agar-Agar mit Wasser verrühren, zur kochenden Creme geben, nochmals aufkochen und vom Feuer nehmen.

Die Himbeeren im Mixer fein pürieren, durch ein Haarsieb streichen und unter die Creme ziehen. In Gläser (Cremeschalen) füllen und kaltstellen. Evtl. mit geschlagenem Obers, den Himbeeren und Zitronenmelisseblättchen garnieren.

Diese Creme läßt sich natürlich auch mit Heidelbeeren, schwarzen Ribiseln oder Erdbeeren anstelle von Himbeeren herstellen.

Himbeer- oder Erdbeertörtchen

Mürbteig:

200 g Dinkelmehl • 50 g Butter, kalt • 50 g Reform-Margarine, kalt

1 Prise Meersalz • 1 Prise Naturvanille • etwas geriebene Naturzitronenschale

1 1/2 EL Honig oder Birnendicksaft • 5 cl sehr kaltes Wasser

1/2 l Vanille-Hirsepudding (siehe Rezept) • ca. 1/2 l Himbeeren (Erdbeeren)

Gelee:

1/8 l Apfelsaft • 1/8 l Wasser • 1 1/2 EL Birnendicksaft

3/4 TL Agar-Agar-Pulver • 2 EL Wasser

Sämtliche Zutaten rasch zu Teig kneten und kühl stellen. Törtchen-Formen ausbuttern, mit ausgerolltem Teig auslegen und goldgelb backen. Herausnehmen, erkaltet zur Hälfte mit warmer Vanille-Hirsepuddingcreme füllen, Himbeeren belegen und mit noch warmem Gelee übergießen. Kalt stellen.

Für das Gelee Apfelsaft, Wasser und Birnendicksaft erhitzen. Agar-Agar mit Wasser anrühren, unter Rühren einkochen und überkühlen lassen. (Achtung: beginnt schon bei Körpertemperatur zu stocken!)

Kärntner Eisreinling

Parfaitmasse:

2 Eier • 2 Dotter • 100 g Honig • 1 Msp. Naturvanille

etwas geriebene Naturzitronenschale • eine Spur Meersalz

$^{1}/_{2}$ l Schlagobers

Zum Füllen:

30 g Rosinen • 30 g Korinthen • 1 dl Rum

60 g Walnüsse, geröstet • 1 EL Honig

Zimt und Karobepulver zum Besieben

Rosinen und Korinthen mit dem Rum über Nacht marinieren. Gugelhupfform in Tiefkühler stellen.

Walnüsse und Honig auf leicht geöltem Blech karamelisieren, erkalten lassen und grob hacken.

Sämtliche Zutaten für die Parfaitmasse, mit Ausnahme des Schlagobers, in einem Schneekessel über Wasserbad warm, dann kalt schlagen. Obers festschlagen und locker unterziehen. Mit gut einem Drittel der Masse Form ausstreichen. Mit Zimt und Karobepulver besieben, Rosinen, Korinthen und Walnüssen ausstreuen. Hälfte der restlichen Masse darübergeben und seitlich ausstreichen. Wieder wie vorher ausstreuen und mit Parfaitmasse abschließen. Tiefkühlen (ca. 12 Stunden). Vor dem Stürzen Form kurz in warmes Wasser tauchen, dann auf Tortenblatt stürzen, mit Karobepulver besieben und mit in heißes Wasser getauchtem Messer portionieren. Evtl. mit Schlagobers, Preiselbeeren und Minze garnieren.

Kastanien-Äpfel auf Vanillesauce

Dunstäpfel:

4 mittelgroße Äpfel • 3/8 l Wasser • 1/8 l Weißwein • 1 Zimtrinde

2 Gewürznelken • 1 St. Naturzitronenschale

2 EL Birnendicksaft • 1 EL Zitronensaft

Kastanienpüree:

300 g Kastanien (Maroni) • ca. 1/8 l Milch • ca. 1/8 l Wasser

1/2 EL Honig • 1/2 EL Rum • 1 Msp. Naturvanille

4 EL Obers • 1–2 EL Kompottsaft

Vanillesauce:

3/16 l Milch • 1/16 l Obers • 1/2 Vanilleschote • 1 1/2 EL Honig

1 Spur Meersalz • 15 g (1 1/2 EL) Hirse, feingemahlen

1/16 l Kompottsaft • 1 Dotter

Zum Garnieren:

8 große Preiselbeeren

Die Äpfel schälen, längs halbieren und Kerngehäuse mit Kugelausstecher herausnehmen. Mit Wasser, Weißwein, Gewürzen, Birnendicksaft und Zitronensaft kernigweich dünsten. Im Sud erkalten lassen.

Inzwischen die Kastanien mit scharfem Messer einritzen, im heißen Rohr kurz braten und dann schälen. Mit Milch und Wasser zugedeckt weichkochen (ca. 20 Minuten). Passieren, Honig, Rum, Vanille, Obers und Kompottsaft beigeben und glattrühren.

Für die Vanillesauce Milch, Obers, Vanilleschote und Honig aufkochen lassen. Hirsemehl mit Kompottsaft und Dotter glattrühren und einkochen. 2 Minuten unter Rühren verkochen lassen, kaltstellen und glattrühren (evtl. aufmixen).

Anrichten:
Die Äpfel abtropfen lassen und mit dem Kastanienpüree füllen (mittels Dressiersack und Sterntülle). Die Sauce auf tiefe Teller anrichten. Die gefüllten Apfelhälften daraufsetzen und mit je 1 Preiselbeere garnieren.

Kastaniencreme

400 g Kastanien (Maroni) • Wasser nach Bedarf

1/16 l Milch • 1 Msp. Naturvanille

1 TL Rum • 1–2 EL Honig oder Birnendicksaft • 1/8 l Schlagobers

etwas Karobepulver

Kastanien waschen und mit scharfem Messer leicht einschneiden. Im vorgeheizten Rohr bei 240 Grad kurz überbraten (bis die Schalen sich leicht geöffnet haben), schälen und mit Wasser bedeckt im Drucktopf 20 Minuten weichkochen. Durch Kartoffelpresse drücken oder mit „Flotter Lotte" passieren.

4 EL davon mit den Fingern zu 4 Kugeln drücken und in Kastanienform bringen, in Karobepulver wälzen und zum Garnieren beiseitestellen.

Für die Creme Milch, Vanille, Rum und Honig oder Birnendicksaft zu den passierten Kastanien geben und mit Schneebesen gut verrühren. Vom festgeschlagenen Obers 2 EL zum Garnieren beiseite geben und Rest locker unter die Creme mischen. In Gläser füllen, mit Schlagobers und den gefertigten Kastanien verzieren, kurz kaltstellen.

Tip:
Wenn's schneller und einfacher gehen soll, vor dem Passieren 4 schöne Kastanien zum Garnieren beiseitelegen.

Kastanienhalbgefrorenes mit Karamelsauce und Gewürzzwetschken

Halbgefrorenes: 1 Tag vorher zubereiten

200 g Kastanien (Maroni) • 2 Dotter • 40 g Honig

1 Spur Meersalz • 1 Msp. Naturvanille •1 EL Rum • 3/16 l Schlagobers

Gewürzzwetschken: 1–2 Tage vorher zubereiten

12 St. entsteinte Dörrzwetschken • 1/4 l Wasser • 1 kl. Zimtrinde

4 St. Gewürznelken • 1 kl. St. Ingwerwurzel • frische Zitronenmelisse

2 cl Rum • 2 cl Weinbrand

Karamelsauce:

4 EL Gerstenmalz • 1/8 l Milch • 1/8 l Schlagobers • 1 Dotter

Die Kastanien mit Wasser bedecken und weichkochen (ca. 3/4 Stunde). Aufschneiden, Fruchtmark auskratzen und passieren (Flotte Lotte).

Dotter mit Honig, Salz und Vanille in Schneekessel über Dampf warm aufschlagen, in schmales Rührgefäß umleeren und mit Handmixer aufschlagen bis die Masse dickschaumig und kalt ist. Schlagobers steifschlagen und mit den ausgekühlten, passierten Kastanien und dem Rum unter die Dottermasse ziehen. In Formen füllen und tiefkühlen.

Vor dem Stürzen die Formen kurz in warmes Wasser tauchen und mittels Messer rundherum lösen. Beim Anrichten mit Karamelsauce, Gewürzzwetschken und Melissenblättchen garnieren.

Für die Gewürzzwetschken die Gewürze mit dem Wasser aufkochen und über die Dörrzwetschken gießen, Rum und Weinbrand beigeben und gut verschlossen (am besten in Schraubglas) mindestens 24 Stunden marinieren.

Für die Karamelsauce das Gerstenmalz unter Rühren erhitzen, bis es etwas Farbe annimmt. Mit Milch aufgießen, kurz verkochen lassen, Dotter mit Obers vermischen, mit Schneebesen einrühren, unter Rühren zum Aufkochen bringen und kaltstellen.

Tip:

Die Zwetschkenmarinade bis zur Sirupkonsistenz einkochen und überkühlt über die angerichteten Zwetschken ziehen. Das Zwetschkenwasser kann auch zum Süßen von Tee oder Kompott weiterverwendet werden.

Rhabarberhalbgefrorenes mit Erdbeermark

120 g Rhabarber (möglichst Himbeer-Rhabarber) • 1 EL Honig • 1 Dotter

1 Ei • 2 EL (40 g) Honig • 1 Msp. Naturvanille • 3/16 l Schlagobers

250 g Erdbeeren • 1 EL Honig • 1/16 l Schlagobers

Zitronenmelisse oder Minzeblätter

Den Rhabarber waschen, in Scheiben schneiden und mit Honig weichdünsten. Durch Haarsieb streichen und kaltstellen.

Ei und Dotter mit Honig und Vanille über Dampf kurz aufschlagen und kalt schlagen bis die Masse dickschaumig ist. Rhabarberpüree und geschlagenes Obers unterziehen. In Formen füllen und tiefkühlen (mindestens 4 Stunden).

Für die Erdbeersauce zwei Drittel der Erdbeeren im Mixglas pürieren und Honig daruntermischen. Beim Anrichten die Formen kurz in heißes Wasser tauchen, am Rand mit Messer lösen und auf Teller stürzen. Mit der Sauce bekränzen, mit Schlagobers, halbierten Erdbeeren und Melisse- oder Minzeblättern garnieren.

Tip:

Sollte das Halbgefrorene zu fest (da zu kalt) sein, vor dem Servieren für einige Zeit in den Kühlschrank stellen!

Rhabarberspeise

1/2 kg Rhabarber (möglichst Himbeer-Rhabarber) • 1/16 l Wasser

1/16 l Weißwein • 4 EL Honig oder Birnendicksaft

1 kl. Zimtrinde • 1 Prise Meersalz • 1 Msp. Naturvanille, gemahlen

30 g feingemahlener Dinkel • 1/8 l Wasser

1/16 l Schlagobers • 4 Erdbeeren • frische Zitronenmelisse

Rhabarber waschen und in Stückchen schneiden. Wasser, Weißwein, Honig oder Birnendicksaft mit den Gewürzen erhitzen, Rharbarberstückchen beigeben, Dinkelmehl in Wasser glattrühren und einkochen. Unter Umrühren ca. 2 Minuten leicht kochen lassen.

Der Rhabarber sollte weich sein, aber nicht zerfallen. Die Speise abkühlen, in Dessertschalen füllen und kaltstellen. Mit flüssigem oder geschlagenem Obers, Erdbeeren und Zitronenmelisseblättchen garnieren.

Anmerkung: Das Eindicken mit Dinkelmehl bewirkt eine Neutralisierung der starken Säure des Rhabarbers und macht ihn so verträglicher.

Rosencreme (ohne Schlagobers)

4 größere rote Rosen • 1/2 l Wasser • 80 g Mandeln • 3 EL Honig

1 Spur Meersalz • 1 EL Stärke (Kuzu oder Pfeilwurzmehl) • 3 EL Wasser

3/4 TL Agar-Agar-Pulver • 2 EL Wasser

einige Tropfen Zitronensaft • 1 TL Rosenwasser

Die Rosen mit kaltem Wasser übergießen und über Nacht oder einen halben Tag zugedeckt stehen lassen.

Mandeln in Wasser aufkochen, abseihen und schälen. Im Allzweck-Zerkleinerer feinst mahlen, 1 EL Honig beigeben und zu feinem Marzipan weitermixen (bis sich ein Klumpen bildet).

Rosen mit Ansatzwasser zum Kochen bringen, einige Minuten ziehen lassen und abseihen. Dem Kochsud Marzipan, 2 EL Honig und 1 Spur Meersalz beigeben, aufkochen und die mit Wasser angerührte Stärke einkochen. Eine Minute kochen lassen, das in Wasser angerührte Agar-Agar beigeben, kurz aufkochen, mit einigen Tropfen Zitronensaft geschmacklich abrunden und mit Rosenwasser parfümieren. Nach öfterem Rühren noch heiß in Dessertschalen füllen und kaltstellen.

TIP:

Anstelle von selbstgemachtem Marzipan kann man auch Mandelmus (80 g) verwenden.

Vanille-Hirsepudding mit Himbeersauce

Pudding:

50 g Hirse, feingemahlen • 1/2 l Milch • 40 g Honig • 1/2 Vanilleschote

1 Prise Meersalz • 1 Dotter • 1/2 TL Agar-Agar-Pulver • 2 EL kaltes Wasser

Sauce:

200 g Himbeeren • 2 EL Honig • 2 EL Wasser

Zum Garnieren:

1/8 l Schlagobers • 4 Himbeeren • 8 Melisseblätter

Für die Sauce Himbeeren mit Honig und Wasser im Mixglas pürieren und durch ein Sieb streichen.

Hirsemehl mit 1/8 l Milch glattrühren, restliche Milch mit Honig, Vanille und Salz aufkochen, Hirsemehl mit Milch einrühren und 2 Minuten unter Rühren kochen lassen, Agar-Agar und Eigelb mit Wasser verrühren und beigeben. Bei öfterem Durchrühren kurz abkühlen lassen, in mit kaltem Wasser ausgespülte Puddingformen füllen und erkalten lassen. Stürzen und garnieren.

Weichselspeise

$^1/_2$ kg Weichseln, entsteint • $^1/_8$ l Rotwein • 3 EL Honig oder Birnendicksaft

1 kl. Zimtrinde • 1 Prise Meersalz • 1 Msp. Naturvanille, gemahlen

30 g Dinkel, feingemahlen • $^1/_8$ l Wasser

$^1/_{16}$ l Schlagobers • 4 Weichseln mit Stengel

Die Weichseln entsteinen, mit Rotwein, Honig oder Birnendicksaft und den Gewürzen aufkochen lassen. Dinkelmehl in kaltem Wasser anrühren und die Weichseln damit abziehen (binden). 1–2 Minuten unter Rühren leicht kochen lassen. Die Weichseln sollen möglichst noch ganz bleiben. Abkühlen lassen, in Dessertschalen füllen und kaltstellen. Obers, flüssig oder geschlagen, daraufgeben und mit den Weichseln garnieren.

Williamsbirne in Marzipanschaum mit Himbeeren

4 Williamsbirnen • $^1/_4$ l Wasser • $^1/_8$ l Weißwein

$^1/_3$ Vanilleschote • 1 EL Birnendicksaft

80 g Mandeln • 1 EL Honig • 2 Tropfen Bittermandelöl

$^1/_3$ TL Rosenwasser • $^1/_8$ l Schlagobers

250 g Himbeeren • 1 EL Honig • 8 Minzeblätter

evtl. Rohrohr-Staubzucker

Die Birnen schälen und dabei die Stiele daranlassen. Wasser, Weißwein, Vanille, Birnendicksaft mit Birnenschalen aufkochen, Birnen einlegen, langsam kernigweich kochen und im Sud erkalten lassen.

Die Mandeln in kochendem Wasser blanchieren und schälen. Im Allzweck-Zerkleinerer feinst zerkleinern, Honig, Bittermandelöl und Rosenwasser beigeben, kurz weitermixen bis das Marzipan einen Klumpen bildet. Diesen nach und nach mit $^{1}/_{16}$ l des Birnensuds glattrühren, kaltstellen und geschlagenes Obers unterrühren.

Die Hälfte der Himbeeren (die schöneren) zum Garnieren beiseite geben. Restliche Himbeeren mit dem Honig pürieren und durch ein Haarsieb streichen.

Die erkalteten Birnenhälften fächerförmig einschneiden. Den Marzipanschaum auf Teller anrichten und die Birnenfächer daraufsetzen. Mit der Himbeersauce, den Himbeeren und den Minzeblättern garnieren. Evtl. die Minzeblätter leicht mit Rohrohr-Staubzucker besieben.

Torten, Kuchen, süßes Gebäck und Konfekt

Drautaler Hochzeitskrapfen

Germteig:

400 g Dinkel, gemahlen • 1 TL Meersalz • 3/16 l Milch • 20 g Germ

2 Dotter • 1 EL Honig • 1 EL Schnaps oder Rum • 40 g Butter

Öl zum Herausbacken

Fülle:

1/8 l Apfelsaft • 200 g gemahlener Mohn • 2 EL Honig

1/2 TL feingehackte Zitronenmelisse • 1 Msp. Naturvanille

1/2 TL Zimt • 3 EL Karobemehl • 1 EL Schnaps oder Rum

Milch erwärmen, Germ darin auflösen, Dotter, Honig und Schnaps oder Rum beigeben und in das gesalzene Mehl einrühren. Zerlassene Butter hinzufügen und gut abschlagen. Zugedeckt an warmem Ort gehen lassen. Zusammenstoßen und nochmals gehen lassen. Auf bemehltem Brett ca. vier Millimeter dick ausrollen. Mit Kugeln aus der Mohnfülle belegen und wie bei Kärntner Nudeln Teig überschlagen, um die Fülle anzudrücken und ausradeln oder ausstechen. Auf bemehltem Tuch zugedeckt gehen lassen (ca. 15 Minuten) und in heißem Öl schwimmend herausbacken. Nach dem Herausnehmen auf Küchenkrepp wenden.

Für die Fülle Mohn in Apfelsaft einige Minuten weichkochen, die restlichen Zutaten beigeben, nochmals durchkochen und gut durchmischen. Überkühlt zu 20 Kugeln zu je 20 g formen.

Anmerkung: Statt die Krapfen in Öl herauszubacken, könnte man sie auch im Rohr backen (bei 200 Grad ca. 20 Minuten).

Kastanienhalbgefrorenes mit Gewürzzwetschken und Karamelsauce

Williamsbirne in Marzipanschaum mit Himbeeren und Brombeeren

Feiner Marillenkuchen

180 g weiche Butter • 100 g Honig • 3 Dotter

abgeriebene Schale einer halben Naturzitrone • 1 Msp. Naturvanille

1 Prise Meersalz • 180 g feingemahlener Dinkel • 3 Eiweiß

60 g Rohrohrzucker • ca. 1/2 kg Marillen

Butter, Honig, Dotter und Gewürze schaumig rühren, Eiweiß mit dem Rohrohrzucker zu Schnee schlagen und abwechselnd mit dem Mehl unter den Abtrieb ziehen.

Auf gebuttertes, mit Dinkelmehl bestäubtes, abgeteiltes Backblech oder in Tortenform streichen, mit den entsteinten, halbierten Marillen belegen und bei 175 Grad ca. 35 Minuten backen.

Tip:

Versuchen Sie auch einmal nach diesem Rezept einen Kirschen- oder Zwetschkenkuchen.

Festliche Apfelgeleetorte

Mürbteig:

160 g feingemahlener Dinkel • 80 g kalte Butterstückchen • 1 Msp. Meersalz

1 Msp. Naturvanille • 1 EL Honig • 4 cl sehr kaltes Wasser

Die Butter mit dem Mehl abbröseln, restliche Zutaten beigeben und rasch zu Teig verarbeiten. Eine halbe Stunde kühl rasten lassen.

Mohnfülle:

200 g feingemahlener Mohn • 1 1/2 EL Honig • 1 Msp. Zimt

1 Msp. Naturvanille • etwas geriebene Naturzitronenschale

1/8 l Wasser • 1 EL Rum

Haselnußfülle:

200 g hell geröstete, geriebene Haselnüsse • 1 1/2 EL Honig • 1 Msp. Zimt

1 Msp. Naturvanille • etwas geriebene Naturzitronenschale

1/8 l Wasser • 1 EL Rum

Belag:

3/4 kg Äpfel, waschen, schälen, halbieren, entkernen und in breitere Spalten schneiden (Schalen und Kerngehäuse aufheben).

Apfelgelee:

Schalen und Kerngehäuse der Äpfel • 1/4 l Wasser • 1 St. Zimtrinde

4 Gewürznelken • 1/4 l Apfelsaft • 2 EL Apfel- oder Birnendicksaft

1 1/3 TL Agar-Agar-Pulver • 3 EL Wasser

Springform (26 cm Ø) mit Butter leicht ausstreichen. Teig ausrollen und Springform damit auslegen. Der Teigrand soll dabei bis zu 3/4 der Höhe der Form reichen.

Nun sämtliche Zutaten für die Mohnfülle gut vermischen, auf den Mürbteigboden geben und vorsichtig glattstreichen. Nach einigen Minuten (der Mohn muß etwas anziehen) sämtliche Zutaten für die Haselnußfülle gut vermischen und ebenfalls vorsichtig verteilen. die beiden Füllen sollten sich nicht vermischen. Jetzt die Apfelspalten schön gleichmäßig kreisförmig auflegen und die Torte auf unterer Schiene bei 200 Grad 35 Minuten backen. In der Form auf Gitter auskühlen lassen.

Inzwischen wird das Gelee hergestellt: Schalen und Kerngehäuse der Äpfel mit dem Wasser, der Zimtrinde und den Gewürznelken zugedeckt 15 Minuten auskochen und abseihen (dabei gut ausdrücken). Apfelsaft und Apfel- oder Birnendicksaft beigeben und aufkochen lassen. Agar-Agar-Pulver mit 3 EL kaltem Wasser anrühren und beigeben. Nochmals unter Rühren aufkochen lassen, vom Herd nehmen und einige Minuten stehen lassen. Noch heiß auf die ausgekühlte Torte gießen, erkalten lassen und die Torte aus dem Reifen nehmen.

Tip:

Beachten Sie, daß Gelee aus Agar-Agar bereits bei Körpertemperatur zu stocken beginnt.

Fruchteier oder Fruchtkugeln

200 g gedörrte Birnenspalten • 200 g Dörrpflaumen ohne Kern

100 g Naturalrosinen • 150 g geröstete, gehackte Haselnüsse

150 g geröstete Haferflocken • 1 Msp. Naturvanille

Karobepulver • Hirseflocken oder Kokosflocken

Birnenspalten mit Wasser bedeckt über Nacht einweichen. Mit Dörrpflaumen und Rosinen durch den Fleischwolf drehen (mittlere Scheibe), mit gerösteten Haselnüssen, Haferflocken und Naturvanille vermischen, zu Eiern oder Kugeln formen.

Eine Hälfte in Karobepulver, die andere Hälfte in Hirse- oder Kokosflocken drehen und trocknen lassen.

Hasen und Enten aus Honig-Marzipan

200 g geschälte Mandeln • 1/3 TL Rosenwasser

1 Tropfen Bittermandelöl • 2 EL heller Honig

etwas Karobepulver • weiße Mandeln für Entenschnäbel

Die Mandeln im Universal-Zerkleinerer fein mahlen. Rosenwasser, Bittermandelöl und Honig beigeben, kurz weitermixen, bis sich ein Klumpen bildet.

Daraus Osterhasen und Entlein formen. Für die Augen etwas Marzipan mit Karobepulver verkneten. Der Entenschnabel ist eine halbierte, geschälte Mandel oder zwei Mandelblättchen (gehobelte Mandeln).

Heidenbusserl

100 g weiche Butter • 50 g weiche Reform-Margarine • 50 g Honig • 1 Ei
1 Msp. Meersalz • 100 g Naturalrosinen oder Korinthen • 2 TL Lebkuchengewürz
• ½ TL Zimt • 1 Msp. Naturvanille • 1 EL Karobepulver
200 g Buchweizen, gemahlen • 100 g Dinkel, gemahlen • 1 EL Rum

Butter und Margarine, Honig, Ei und Gewürze schaumig rühren. Heiden- und Dinkelmehl sowie Rum einrühren. Mit den Fingern Busserln formen, auf Backblech setzen und bei 180 Grad ca. 15 Minuten backen.

Honigtaferln (Lebkuchen)

300 g Honig • 100 g Rohrohrzucker • 2 Eier • ½ TL Zimt
1 abgeriebene Naturzitronenschale • 1 EL Lebkuchengewürz
1 Msp. Nelken, gemahlen • 1 Msp. Piment, gemahlen • ½ l Milch
1 EL Weinstein-Backpulver • ½ kg Roggen oder Dinkel, feingemahlen

Erwärmten Honig mit Zucker, Eiern, Gewürzen und Milch schaumig schlagen. Das Mehl mit dem Backpulver vermischen und untermengen. In gebutterte, mit Mehl ausgestaubte Kastenform füllen und bei 180 Grad ca. 40 Minuten backen. Am nächsten Tag aus der Form stürzen und den Kuchen in Scheiben schneiden.

Heidenmehltorte

5 Dotter • 100 g Honig • 1 EL Rum • 1 EL Zitronensaft

150 g Heiden (Buchweizen), feingemahlen • 50 g Haselnüsse, gerieben

5 Eiklar • 50 g Rohrohrzucker • 1 Prise Meersalz

Butter und Vollmehl für die Form

150 g Ribisel- oder Preiselbeermarmelade

Rohrohr-Staubzucker oder

1/8 l Schlagobers • frische Ribisel oder Preiselbeeren

Flohsamen oder kleinen Leinsamen zum Einstreuen

Dotter mit Honig dickschaumig schlagen. Rum und Zitronensaft einrühren. Eiklar mit einer Prise Meersalz und Rohrohrzucker steif schlagen, Hälfte unter die Masse ziehen, Heidenmehl mit geriebenen Haselnüssen vermischen und abwechselnd mit restlichem Schnee daruntermengen. In gebutterte, bemehlte Springform füllen und bei 175 Grad 45 Minuten backen.

Ausgekühlt durchschneiden, mit Ribisel- oder Preiselbeermarmelade füllen. Mit Rohrohr-Staubzucker bestreuen oder mit Schlagobers einstreichen und Schlagobersrosetten und Ribiseln oder Preiselbeeren garnieren. Mit Floh- oder Leinsamen seitlich einstreuen (sieht aus wie Schokostreusel).

Kärntner Mohntorte

150 g weiche Butter • 120 g Honig • 1 Msp. Naturvanille

1 Msp. Zitronenmelisse • 4 Dotter • 200 g Blaumohn, fein gemahlen

1/16 l Milch • 1 TL Rum • 100 g Walnüsse, gerieben • 50 g Dinkel, feingemahlen

4 Eiklar • 1 Prise Meersalz

Butter und Dinkelmehl für die Form

Fülle:

3/16 l Schlagobers • 3 EL Preiselbeermarmelade

Mohn zum Einstreuen • Rohrohr-Staubzucker zum Besieben

Die Butter mit Honig, Naturvanille und Dotter gut schaumig rühren, gemahlenen Mohn, Milch und Rum einrühren. Eiklar mit einer Prise Meersalz zu festem Schnee schlagen und abwechselnd mit den Walnüssen, die mit dem Dinkelmehl vermischt wurden, locker unter die Masse ziehen. In gebutterte, bemehlte Springform (23 cm Ø) geben und im vorgeheizten Rohr bei 165 Grad 50 Minuten backen. Überkühlt aus der Form nehmen, in der Mitte durchschneiden, mit Preiselbeerschlagobers bestreichen, zusammensetzen, seitlich mit Schlagobers einstreichen und mit Mohn einstreuen.

Torte mit Kuchengitter belegen und Rohrohr-Staubzucker bestreuen. Vor dem Aufschneiden kaltstellen.

Kärntner Reinling

Teig:

30 g Germ • 1/4 l Milch • 40 g Honig (2 EL) • 2 Dotter

abgeriebene Schale einer halben Naturzitrone oder

1/3 TL feinzerriebene, getrocknete Zitronenmelisse

400 g feingemahlener Dinkel • 1 gestrichener TL Meersalz • 60 g zerlassene Butter

etwas Dinkelmehl beim Ausrollen • Butter zum Ausstreichen der Form

Fülle:

Zum Beträufeln:

30 g zerlassene Butter • 2 EL erwärmter Honig

Zum Bestreuen:

2 EL Karobemehl (Bockshörndlmehl) • 2 EL Zimt • 60 g grobgehackte Walnüsse

50 g Korinthen • 50 g Natural-Rosinen

Germ in Milch auflösen, Honig, Dotter und die Gewürze beigeben, Dinkelmehl und Salz einrühren, zerlassene Butter beigeben und ca. 10 Minuten abschlagen. Mit Tuch bedecken und ca. 30 Minuten gehen lassen. Zusammenschlagen und nochmals gehen lassen. Auf bemehltem Brett fingerdick ausrollen. Mit zerlassener Butter bestreichen und erwärmtem Honig beträufeln, mit restlichen Zutaten bestreuen.

Eng einrollen, in gut gebutterte Backform geben (Rein oder Guglhupfform), nochmals gehen lassen. Vor dem Backen mit Stricknadel oder Holzspieß stupfen (einige Male anstechen).

50 Minuten bei anfangs 190 Grad, zur Halbzeit 170 Grad backen. Noch einige Minuten in der Form abstehen lassen, stürzen und auskühlen lassen. Der Reindling soll eine schöne Rinde haben.

Tip:

Man kann den Boden der gebutterten Form auch mit Rohrohrzucker ausstreuen und halben Walnüssen auslegen.

Karottentorte

5 Dotter • 100 g Honig • 1 Msp. Naturvanille

geriebene Schale einer halben Naturzitrone • 1 EL Zitronensaft

300 g Karotten geputzt und fein gerieben • 5 Eiweiß

1 Prise Meersalz • 50 g Rohrohrzucker • 280 g Mandeln, gerieben

40 g Dinkel, feingemahlen • 1 gestrichener TL Weinstein-Backpulver

etwas Butter und Dinkel für die Form

evtl. 1/8 l Schlagobers • geröstete, gehobelte Mandeln • 1 Stück Karotte

Dotter mit Honig, Vanille, Zitronenschale und -saft schaumig rühren und geriebene Karotten beigeben.

Eiweiß mit Salz und Rohrohrzucker zu festem Schnee schlagen. Die geriebenen Mandeln mit Dinkelmehl und Backpulver vermischen und abwechselnd mit dem Schnee unter die

Dottermasse ziehen. In gebutterte, bemehlte Springform (24 cm Ø) geben und 50 Minuten bei 170 Grad backen. Aus der Springform nehmen und stürzen. Erst am nächsten Tag anschneiden.

Evtl. mit Schlagobers einstreichen und seitlich auf halbe Höhe mit gerösteten, gehobelten Mandeln einstreuen. Torte einteilen und mit restlichem Schlagobers Rosetten aufdressieren. Mit in feine Streifen geschnittener Karotte dekorieren.

Kürbis-Mandeltorte

300 g Hokkaido-Kürbisfleisch • 5 Dotter • 80 g Honig • 2 EL Zitronensaft

1 EL Rum • 2 Tropfen Bittermandelöl

etwas abgeriebene Naturzitronenschale • etwas abgeriebene Naturorangenschale

1 Msp. Zimt • 1 Msp. Naturvanille • 1 Msp. Ingwer • 5 Eiweiß

1 Prise Meersalz • 40 g Rohrohrzucker • 250 g Mandeln, gerieben

20 g Dinkel, feingemahlen • 30 g Dinkelbrösel • 1 TL Weinstein-Backpulver

etwas Butter oder Reform-Margarine und Dinkelmehl für die Form

evtl. 1/8 l Schlagobers • geröstete, gehobelte Mandeln

ca. 60 g Hokkaido-Kürbis • 2 EL Honig • 2 EL Wasser

Kürbisfleisch mit Edelstahlreibe fein reiben. Dotter mit Honig dickschaumig rühren, Zitronensaft, Rum, Bittermandelöl, Gewürze und geriebenen Kürbis beigeben. Eiweiß mit einer Prise Meersalz und Rohrohrzucker steif schlagen.

Mandeln, Dinkel, Brösel und Backpulver vermischen und abwechselnd mit dem Schnee unter die Dottermasse heben. In gebutterte, bemehlte Springform (24 cm Ø) geben und bei 170 Grad 50 Minuten backen. Aus der Form nehmen und vorsichtig stürzen. Erst am nächsten Tag anschneiden.

Die Torte evtl. mit Schlagobers einstreichen und seitlich mit gerösteten, gehobelten Mandeln einstreuen. Einteilen und mit Schlagobersrosetten und kandierten Kürbisstückchen garnieren.

Für die kandierten Kürbisstückchen Kürbis in gleichmäßige Dreiecke schneiden, in Honig und Wasser solange kochen, bis der Honigsirup dickflüssig wird und kaltstellen.

Nuß- oder Karobekipferl

Teig:

20 g Germ • 20 g Honig • 1/8 l lauwarme Milch • 1/2 TL Meersalz • 1 Ei

1 Msp. Zitronenmelisse • 320 g feingemahlener Dinkel • 40 g Butter, zerlassen

Fülle Nußkipferl:

1/8 l Milch oder Wasser • 30 g Honig • 1 Msp. Zimt • 1 Msp. Naturvanille

1 Msp. Zitronenmelisse • 1 EL Rum • 140 g Walnüsse, gerieben

60 g Walnüsse, grobgehackt • 40 g Korinthen

Fülle Karobekipferl:

1/8 l Wasser • 160 g Karobemehl (Bockshörndlmehl) • 1/2 TL Zimt

1 EL Rum • 60 g Weinbeeren

Ei zum Bestreichen

Die lauwarme Milch in eine Schüssel geben, Germ und Honig darin auflösen, Zitronenmelisse und Ei beimischen, den frischgemahlenen Dinkel und Salz einrühren und dann die zerlassene Butter beigeben. Den Teig 10 Minuten abschlagen, mit etwas Mehl bestäuben und mit Tuch bedeckt ca. 20 Minuten gehen lassen. Inzwischen für die Fülle sämtliche Zutaten aufkochen und überkühlen lassen. Den Teig auf bemehltem Brett ca. einen halben Zentimeter dick ausrollen, mit der Fülle bestreichen, in 12 Dreiecke schneiden und von der Basis zur Spitze einrollen. In Kipferlform auf gebuttertes Blech legen. 20 Minuten an warmem Ort mit Tuch bedeckt gehen lassen. Mit verschlagenem Ei bestreichen und im vorgeheiztem Rohr bei anfangs 220 Grad, Halbzeit 200 Grad, 16 Minuten backen. Zum Abkühlen auf ein Gitter legen.

Nußpotize

Teig:

1/4 l Milch • 20 g Germ • 2 EL Honig (40 g) • 2 Eidotter

geriebene Schale einer halben ungespritzten Zitrone oder

1/2 TL zerriebene Zitronenmelisse

1/2 TL Meersalz • 400 g Dinkel, fein gemahlen • 60 g Butter, zerlassen

Fülle:

200 g geriebene Walnüsse • 1/8 l Milch oder Wasser • 1 Msp. Zimt

1 Msp. Zitronenmelisse oder etwas abgeriebene Naturzitronenschale

1 Msp. Naturvanille • 2 EL (40 g) Honig • 1 EL Rum

Germ in Milch auflösen, Honig, Eidotter und Zitronenschale beigeben, durchmischen, Mehl, Salz, dann Butter dazugeben, 10 Minuten gut abschlagen und zugedeckt 20 Minuten gehen lassen. Auf bemehltem Brett zentimeterdick ausrollen.

Für die Fülle die geriebenen Walnüsse kurz trocken rösten, restliche Zutaten beigeben, unter Rühren aufkochen lassen und überkühlt verwenden.

Den Teig auf bemehltem Brett zentimeterdick ausrollen. Die Nußfülle gleichmäßig mit Palette oder Teigkarte verteilen. Von zwei Seiten zur Mitte einrollen, in gebutterte Kastenform legen und mit Tuch bedeckt ca. 30 Minuten gehen lassen. Im vorgeheizten Rohr bei anfangs 200 Grad, nach 20 Minuten 180 Grad auf unterster Schiene 40 Minuten backen. Auf ein Gitter stürzen und auskühlen lassen.

Osterkranzerl

40 g Germ • 1/4 l Milch • 40 g Honig • 1/4 ungespritzte, geriebene Zitronenschale

1 Ei • 1/2 kg feingemahlener Dinkel • 1 gestrichener TL Meersalz

50 g zerlassene Butter

1 Ei zum Bestreichen • 60 g blättrig geschnittene Mandeln zum Bestreuen

Germ in der lauwarmen Milch auflösen, Vanille, Zitronenmelisse, Honig und Ei einrühren, Dinkelmehl und Salz einarbeiten, zerlassene Butter beigeben und 8 Minuten in der Maschine kneten (händisch 12 Minuten). In bemehlter Schüssel zugedeckt ca. eine halbe Stunde gehen lassen.

Teig in 12 Stücke teilen. Diese wieder dritteln, Zöpfchen flechten und daraus Kranzerl formen, auf befettetes Blech legen, zugedeckt 20 Minuten gehen lassen.

Mit zerklopftem Ei bestreichen, mit blättrig geschnittenen Mandeln bestreuen und bei 220 Grad ca. 15 Minuten backen.

Am Ostertisch in die Mitte der Kranzerl ein Osterei geben.

Ribiselschnitten

Mürbteig:

200 g Dinkel, feingemahlen • 50 g kalte Reform-Margarine

50 g kalte Butterstückchen • 1 Prise Meersalz • 1 Prise Naturvanille

etwas abgeriebene Naturzitronenschale • 1 1/2 EL Birnendicksaft oder Honig

4 cl sehr kaltes Wasser

600 g entstielte rote Ribisel (Johannisbeeren) • 3 EL Birnendicksaft

1 1/2 EL Stärke (Maisstärke oder Kuzu) • 3 EL Wasser

Sämtliche Zutaten rasch zu Teig kneten und kühlstellen.

Auf bemehltem Brett ca. drei Millimeter dick zu ca. zehn Zentimeter breiten Streifen ausrollen. Auf Backblech geben, die Ränder zentimeterhoch aufbiegen und festdrücken. Bei 200 Grad ca. 15 Minuten hellbraun backen.

Ribisel mit Birnendicksaft erhitzen. Stärke mit Wasser anrühren und unter Rühren beigeben. Kurz durchkochen lassen, bis die Masse gut eingedickt ist. Auf dem Mürbteigboden verteilen und erkalten lassen.

Anmerkung: Die Stärke wirkt neutralisierend auf die Säure der Ribisel.

„Schokolade-Eier" aus Tålggn-Nougat

150 g Dinkel • 200 g Hafer • 200 g geröstete Haselnüsse

100 g geriebene Haselnüsse • 150 g flüssiger Honig • 100 g Gersten- oder Maismalz

• 1/2 TL Naturvanille • 1/2 TL Zimt • 2 EL Haselnußmus • 2 EL Rum

2 EL Wasser • 2 EL Karobepulver • 2 EL Kakao

Dinkel und Hafer waschen, knapp mit Wasser bedeckt bei schwacher Hitze unter öfterem Aufrühren quellen lassen, bis das Getreide die Flüssigkeit aufgenommen hat (nicht kochen!). Auf Blech geben und einige Stunden bei ca. 80 Grad unter öfterem Durchmischen im Rohr trocknen, bis das Getreide knusprig ist. (Rohr einen Spalt breit geöffnet lassen!) Ausgekühlt in der Getreidemühle fein mahlen.

Haselnüsse im Rohr hellbraun rösten, überkühlt im Allzweck-Zerkleinerer feinst zerkleinern. Fein geriebene Haselnüsse, den flüssigen Honig und das Malz mit Naturvanille, Zimt, Haselnußmus, Rum, Karobepulver, Kakao und den Haselnüssen vermischen. Tålggn-Mehl einarbeiten und 24 Stunden zugedeckt rasten lassen.

Zuerst Kugeln formen und diese dann in Eiform bringen, evtl. in Karobepulver wälzen und auf Kuchengitter 2 Tage trocknen lassen. In Cellophan oder Seidenpapier wickeln.

„Schokoladetorte“ (Karobetorte)

6 Dotter • 160 g Honig • 2 Msp. Naturvanille • 4 EL Sonnenblumenöl

1/8 l Milch • 1 TL Rum • 120 g geriebene Haselnüsse • 60 g Vollkornbrösel

60 g frischgemahlener Dinkel • 4 EL Karobepulver (evtl. zur Hälfte Kakao)

6 Eiklar • 1 Prise Meersalz

Marillenmarmelade • 3/16 l Schlagobers zum Füllen und Bestreichen

Karobepulver zum Besieben • gehobelte, geröstete Mandeln zum Einstreuen

Dotter mit Honig und Vanille dickschaumig rühren, Öl, Milch und Rum beigeben. Haselnüsse, Brösel sowie das mit Karobepulver vermischte Dinkelmehl daruntermischen. Zuletzt den mit einer Prise Meersalz steif geschlagenen Schnee unterheben. In befettete, bemehlte Springform geben, bei 170 Grad 50 Minuten backen.

Überkühlt aus dem Reifen heben. Durchschneiden. Mit Marmelade und Schlagobers zusammensetzen und bestreichen. Mit gerösteten, gehobelten Mandeln seitlich einstreuen und mit Karobepulver besieben.

Topfenkuchen

1,5 dl Milch • 20 g Germ • 60 g Honig • 1 TL Melasse • 1 TL Meersalz

1 Msp. Naturvanille • abgeriebene Schale einer halben Naturzitrone

2 Eier • 60 g Naturalrosinen • 60 g Korinthen • 30 g Zitronat, gewürfelt

30 g Aranzini, gewürfelt • 250 g Bauerntopfen •400 g feingemahlener Dinkel

50 g Butter, zerlassen

Ei zum Bestreichen

Germ in lauwarmer Milch auflösen, Honig, Gewürze, Eier, Trockenfrüchte und leicht angewärmten Topfen beigeben und gut verrühren. Das Dinkelmehl und zuletzt die zerlassene Butter hinzufügen, 5 Minuten abschlagen.

20 Minuten gehen lassen, kurz zusammenschlagen, in gebutterte, mit Mehl ausgestäubte Kastenform geben, glattstreichen und mit Tuch abgedeckt weitere 30 Minuten gehen lassen.

Mit Nadel stupfen und zerklopftem Ei bestreichen. Anfangs bei 190 Grad, nach 20 Minuten bei 170 Grad eine Stunde auf unterster Schiene backen.

Nach kurzem Abstehen auf Gitter stürzen und auskühlen lassen. Erst am nächsten Tag anschneiden.

Ein lockerer Kuchen, der längere Zeit saftig bleibt.

Walderdbeer-Hirsetorte

5 Dotter • 50 g Honig • 1 Msp. Naturvanille • 150 g Hirse, feingemahlen

5 Eiklar • 50 g Honig • 1 Prise Meersalz

Butter und Hirsemehl für die Form

etwas Erdbeermarmelade • 3/4 l Walderdbeeren

1/4 l Wasser • 1/4 l Apfelsaft • 3 EL Birnendicksaft

1 1/2 TL Agar-Agar-Pulver • 3 EL Wasser

Dotter mit Honig und Vanille schaumig rühren. Eiklar mit einer Prise Meersalz zu steifem Schnee schlagen und nach und nach Honig einschlagen. Abwechselnd mit dem Hirsemehl unter die Dottermasse heben. In gebutterter, bemehlter Springform bei 180 Grad ca. 30 Minuten backen und überkühlen lassen.

Wasser, Apfelsaft und Birnendicksaft erhitzen. Agar-Agar in kaltem Wasser anrühren und beigeben. Kurz aufkochen und etwas überkühlen lassen.

Die Torte mit Erdbeermarmelade bestreichen, Walderdbeeren darauf verteilen und das Gelee noch warm darübergießen. (Achtung: Agar-Agar-Gelee stockt bereits bei Körpertemperatur!) Wenn das Gelee fest ist, die Torte für einige Stunden kaltstellen und aus dem Reifen nehmen.

Weinbeer-Topfenweckerl

150 g Milch • 30 g Germ • 2 EL (40 g) Honig • 1 TL Meersalz • 1 Ei

1 Dotter • 200 g Topfen • 100 g Weinbeeren (Korinthen) • 1 TL Rum

1 Msp. Zitronenmelisse • 500 g Dinkel, feingemahlen • 50 g Butter, zerlassen

1 EL Sauerrahm und 1 EL Milch zum Bestreichen

Germ in lauwarmer Milch auflösen, Honig, Meersalz, Ei, Dotter, Topfen, Korinthen, Zitronenmelisse und Rum beigeben, gut verrühren und 10 Minuten stehen lassen.

Feingemahlenen Dinkel einrühren und zuletzt die zerlassene Butter einarbeiten. 10 Minuten kneten und 30 Minuten zugedeckt gehen lassen. Aus dem Teig eine Rolle formen, in 16 gleichgrofle Stücke teilen und zu Weckerl formen.

Auf gebuttertes Blech legen, mit Tuch bedecken und ca. 20 Minuten gehen lassen.

Sauerrahm und Milch verrühren und damit die Weckerl bepinseln. Bei 200 Grad 20 Minuten backen. Zum Abkühlen auf ein Gitter legen.

Zwetschkenfleck

320 g Dinkelmehl • knapp $^1/_4$ l Milch • 25 g Germ • 50 g Honig • 1 Dotter

geriebene Schale einer halben Naturzitrone oder etwas Zitronenmelisse

50 g Butter • 1 Msp. Naturvanille • $^3/_4$ TL Meersalz

ca. 1 kg Zwetschken • etwas Zimt

Die Germ in lauwarmer Milch auflösen, zuerst Honig, Dotter, Zitronenschale und Vanille einrühren, dann Dinkelmehl, Salz und zuletzt die zerlassene Butter beigeben, 10 Minuten abschlagen und zugedeckt ca. eine halbe Stunde gehen lassen.

Auf gebuttertes Backblech geben und gleichmäßig ausrollen oder mit Handflächen verteilen. Die Zwetschken einschneiden, entkernen und jede Hälfte nochmals einschneiden, sodaß vier zusammenhängende Spalten entstehen. Mit Innenseite nach oben auf den Teig legen, leicht mit Zimt bestreuen und bei 190 Grad 20 Minuten backen.

Weitere Variationen sind Kirschen-, Schwarzbeer- oder Marillenfleck.

Zwetschkenkuchen

60 g weiche Butter • 60 g Reform-Margarine • 100 g Honig

2 Dotter • abgeriebene Schale einer halben Naturzitrone

1 Msp. Naturvanille • 1 Msp. Zimt • 5 cl (4 EL) Milch

220 g feingemahlener Dinkel • 1 gehäufter TL Weinstein-Backpulver

2 Eiweiß • 1 Prise Meersalz

ca. $^1/_2$ kg Zwetschken

Butter und Margarine, Honig, Dotter und Gewürze schaumig rühren, Milch beigeben, das Dinkelmehl mit dem Backpulver gut vermischen und unter den Abtrieb rühren.

Eiweiß mit einer Prise Meersalz zu Schnee schlagen und unter die Masse ziehen.

In gebutterte, mit Dinkelmehl ausgestreute Tortenform oder auf abgeteiltes Backblech geben, glattstreichen und mit den entsteinten und halbierten Zwetschken belegen. Bei 180 Grad ca. 35 Minuten backen.

Tip:

Machen Sie mit diesem Rezept auch einen Marillen- oder Kirschenkuchen.

Brot und Gebäck

Kümmel-Fladenbrot

(ohne Triebmittel)

650 g Dinkel oder Weizen, mittelfein gemahlen • 1 1/2 TL Meersalz

2 EL Kümmel • 2 EL Leinsamen • 1/2 l kaltes Wasser

4 EL Sonnenblumenöl • 1 EL Kümmel zum Bestreuen

Zwei Drittel des Mehls mit den Gewürzen, dem Wasser und dem Öl in einer Schüssel verrühren, mit dem restlichen Mehl zu Teig kneten und eine Viertelstunde rasten lassen. In vier Teile reißen, auf leicht geöltes Backblech legen und mit nassen Händen 1 1/2 cm hoch flachdrücken. Mit Kümmel bestreuen und bei 210 Grad mit Dampf (ein flaches Gefäß mit Wasser ins Rohr stellen) ca. 35 Minuten backen.

Anmerkung:

Für die Anregung zu diesem Brotrezept danke ich dem Begründer der SALEM-Kinderdörfer Gottfried Müller und meiner lieben Mitstreiterin gegen Tierversuche und Kochbuchautorin Barbara Rütting.

Leinsamenweckerl

3,5 dl Wasser • 30 g Germ • 450 g Dinkel, gemahlen

1 TL Meersalz • 60 g Leinsamen, frisch geschrotet • 60 g Leinsamen, ganz

Germ in lauwarmem Wasser auflösen, Dinkelmehl und Salz beigeben und 5 Minuten kneten, Leinsamen beigeben und weitere 5 Minuten kneten. 10 Minuten gehen lassen. Auf bemehltem Brett eine Rolle formen, in 16 Stücke teilen, zu Weckerln formen, auf geöltes Blech setzen, zugedeckt 15 Minuten gehen lassen, mit Wasser bepinseln und bei 240 Grad mit Dampf (ein flaches Gefäß mit Wasser ins Rohr stellen) ca. 20 Minuten backen. Auf Gitter abkühlen lassen.

Sonnenblumenkern- oder Kürbiskernbrot

20 g Germ (1/2 Päckchen) • 4 dl lauwarmes Wasser

600 g Dinkel, feingemahlen • 1 TL Meersalz • 1/2 TL Fenchel, frischgemahlen

1/2 TL Koriander, frischgemahlen • 60 g Sonnenblumenkerne oder Kürbiskerne

etwas Wasser zum Bestreichen

1 EL Sonnenblumen- oder Küriskerne zum Bestreuen

Germ in lauwarmem Wasser auflösen, Dinkelmehl, Gewürze und Sonnenblumen- oder Kürbiskerne beigeben. 10 Minuten kneten, zugedeckt ca. 30 Minuten gehen lassen.

Teig nochmals durchkneten, halbieren und 2 Kugeln formen (schleifen). Auf leicht geöltes oder gut bemehltes Backblech geben, mit etwas Wasser bepinseln, mit Sonnenblumen- oder Kürbiskernen bestreuen und diese gut andrücken.

Mit Tuch bedeckt an warmem Ort ca. 20 Minuten gehen lassen und bei anfangs 240 Grad, nach 10 Minuten 190 Grad mit etwas Dampf (ein flaches Gefäß mit Wasser ins Rohr stellen) auf Mittelschiene 25 Minuten backen. Auf Gitter abkühlen lassen.

Vollkorn-Roggenbrot (mit Spezial-Backferment)

Bereitung des Grundansatzes aus dem Spezial-Backferment:

20 g Spezial-Backferment • 1/8 l warmes Wasser (40 Grad)

100 g Weizen- oder Dinkel, frischgemahlen

2 dl warmes Wasser (40 Grad) • 300 g Weizen- oder Dinkelmehl

Der Grundansatz ist ein gärender Teig, der aus dem trockenen Granulat bereitet wird.

Das Spezial-Backferment wird mit 1/8 l Wasser (gut warm, ca. 40 Grad) klümpchenfrei aufgelöst. Dazu gibt man 100 g Weizen- oder Dinkel frischgemahlen. Alles gut vermengen, der Teig soll weich sein, aber es soll sich kein Wasser absetzen. Diesen Teig bei einer Temperatur von ca. 30 Grad für 24 Stunden bedeckt stehenlassen. Nach dieser Zeit ist eine Bläschenbildung zu beobachten.

Zu diesem Teig werden dann 2 dl Wasser (ca. 40 Grad) gegeben und untergemengt. Dazu 300 g Weizen- oder Dinkelmehl geben, alles gut vermengen. Weitere 24 Stunden bei 30 Grad stehenlassen.

Der Teig ist durch die Gärung auf mehr als das Doppelte angewachsen. Der Gärungsvorgang ist abgeschlossen und der Teig gebrauchsfertig. In einem Schraubglas (nicht mehr als zu drei Vierteln gefüllt) wird er im Kühlschrank aufbewahrt, wo er sich über ein halbes Jahr hält. Eine sich an der Oberfläche zeigende graue Verfärbung hat nichts zu sagen, da es sich um arteigene Hefen handelt, die von Natur aus grau sind.

Vorteig am Vorabend:

400 g frischgemahlenes Roggenmehl • 1/2 l lauwarmes Wasser

1 gehäufter EL Grundansatz • 1 gehäufter TL Backferment

Grundansatz und Backferment mit dem lauwarmen Wasser glattrühren. Das Mehl beigeben und gut mischen. In einem Gefäß, das mindestens doppelt so hoch als das Teigvolumen ist, gut abgedeckt 12–15 Stunden bei Raumtemperatur stehen lassen.

Hauptteig:

1 kg frischgemahlenes Roggenmehl • 1/4 l warmes Wasser (40 Grad)

1 1/2 EL Vollmeersalz • je 1 EL Kümmel, Fenchel, Anis und

Koriander frischgemahlen (mit elektrischer Kaffeemühle)

ca. 100 g Roggenmehl als Streumehl

Das Mehl in großer Schüssel mit Meersalz und Gewürzen vermischen, in die Mitte eine Vertiefung drücken, Vorteig hineingeben, von der Mitte aus mit dem Mehl verkneten und dabei nach und nach Wasser beigeben. Ca. 10 Minuten kräftig kneten. Oder alle Zutaten in Küchenmaschine 5 Minuten kneten. Schüssel mit etwas Mehl ausstreuen, Teig hineingeben, mit etwas Mehl bestäuben und gut abgedeckt ca. 1 1/2 Stunden warm stellen (30–35 Grad). Teig mit etwas Streumehl kurz durchkneten, halbieren und in gut bemehltes Brotkörbchen geben. Mit Mehl bestäuben und zugedeckt ca. 3/4 Stunde gehen lassen. (Bis sich an der leicht gewölbten Oberfläche kleine Risse zeigen).

Vorsichtig auf Blech stürzen, mit Stricknadel oder Gabel rundherum anstechen und in den auf 250 Grad vorgeheizten Ofen schieben. Eine halbe Tasse heißes Wasser in das Rohr schütten und sofort schließen. Nach 20 Minuten auf 190 Grad stellen und nach weiteren 40 Minuten ausschalten. Noch 10 Minuten nachbacken. Brot herausnehmen und auf Gitter auskühlen lassen. Im Leinensack einige Tage kühl lagern.

Vollkorn-Dinkelsemmeln

3,3 dl Wasser • 30 g Germ • 1/2 kg Dinkel, frischgemahlen • 1 TL Meersalz

Germ in Wasser auflösen, Mehl und Salz hinzufügen und 10 Minuten kneten. 20 Minuten gehen lassen, in 16 Stücke teilen, mit den Händen am Tisch zu Kugeln formen (schleifen). Auf befettetes Blech setzen. Mit Tuch abdecken und ca. 20 Minuten an warmem Ort gehen lassen. Inzwischen Backrohr auf 240 Grad einschalten.

Semmeln mit lauwarmem Wasser vorsichtig bepinseln. Mit Dampf (flaches Gefäß mit Wasser ins Rohr stellen) ca. 20 Minuten backen. Zur Halbzeit auf 200 Grad schalten. Nach dem Herausnehmen gleich vom Backblech heben und auf einem Gitter auskühlen lassen.

Produktionformation

Agar-Agar

Hochwertiges Geliermittel aus Meeresalgen. Glasklar und geschmacksneutral eignet es sich für alle Arten von gelierten Speisen – pikant oder süß. Es ist reich an Mineralstoffen und Spurenelementen und gilt als bewährtes Mittel zur Darmpflege.

Karobemehl, Karobepulver

Gemahlene bzw. pulverisierte Früchte des Johannisbrotbaumes (Bockshörndln). Im Handel auch unter der Bezeichnung Carob erhältlich.

Kuzu

Ein hochwertiges, natürliches Stärkemittel, das aus einer kräftigen Wurzel, die in Gebirgsgegenden Japans vorkommt, gewonnen wird. Kuzu wirkt heilend auf Magen und Darm und stärkt den Organismus bei allgemeinen Erschöpfungszuständen.

Miso

Ist eines der wertvollsten Produkte. Nach jahrhundertealter Tradition werden Sojabohnen mit Getreide und Meersalz über Jahre hindurch unter Druck vergoren. Natürlich fermentiertes Miso ist eine äußerst wertvolle Eiweißquelle und enthält wichtige Mineralien und Milchsäurebakterien. Miso wirkt vorbeugend gegen Arteriosklerose und ist in der Lage, radioaktive Substanzen zu binden und durch den Darm auszuscheiden.

Seitan

Weizenfleisch (Gluten), das durch Auswaschen von Kleie und Stärke aus einem aus Mehl und Wasser gekneteten Teig gewonnen wird. Findet als eiweißreicher Ersatz für Fleisch Verwendung.

Shoyu

Ähnlich wie Tamari, jedoch weniger kräftig und etwas heller ist Shoyu, die natürliche Sojasauce, die aus Sojabohnen, Weizen und Meersalz durch Vergärung gewonnen wird.

Tålggn

Ist ein vollwertiges Getreideprodukt, das durch Einweichen des Getreides und anschließendem Darren im Ofen erzeugt wird. Tålggn wird hauptsächlich aus Hafer, Weizen oder Roggen gemacht. Statt Einweichen kann man das Getreide auch am Herdrand in Wasser aufquellen lassen. Beim Trocknen sollten 85 Grad nicht überschritten werden. Dadurch bleiben Vitalstoffe stabilisiert. Anschließend wird das derart vorbereitete Korn vermahlen. Hafertålggn bildete früher weitgehend die Basis der täglichen Ernährung der Menschen im Gegendtal, die sich durch außergewöhnliche Gesundheit und Vitalität bis ins hohe Alter auszeichneten. Im Mölltal wird Tålggn auch „Munggn“ genannt und enthält noch Bohnen.

Tamari

Ist die bei der Misoproduktion abgepreßte, schmackhafte und kräftige Sojasauce. Auch sie ist ein hochwertiger Eiweißverstärker und reich an Spurenelementen und Milchsäurebakterien. Es sollte deshalb möglichst nicht mitgekocht werden. Mit Tamari lassen sich fast alle Gerichte geschmacklich abrunden, wobei deren Eigengeschmack unterstrichen und nicht übertönt wird.

Tofu

Weißer Sojabohnenkäse, der als vollwertiger Ersatz für Topfen, Käse, Fisch und Fleisch verwendet werden kann. Eine günstige, basische und leicht verdauliche Eiweißquelle, ohne Cholesterin, Fett oder Purinstoffe.

Kein Ding ist positiver als Brot.

(Dostojewskij)

Rezepte von A bis Z

A

Äpfel mit Vanille- und
schwarzer Ribiselsauce *111*
Apfelcrêpes mit Nußbutter
und Preiselbeersauce *85*
Apfelgeleetorte *129*
Apfel-Kletzenschaum *111*
Apfelknödel mit Mostsauce *86*
Apfelpudding mit Glühmostsauce *87*
Apfelradln in Mostteig mit Gewürzsauce *88*

B

Bauerntopf *43*
Beifußsuppe *31*
Berglinsensalat mit geräuchertem Tofu *22*
Birne in Gewürzgelee *112*
Birne in Mostschaumcreme *113*
Blattsalate *19*
Bohnenrahmsuppe mit Gemüsestreifen *23*
Bohnenstrudel mit Majoransauce *44*
Bratäpfel mit Mostschaum *89*
Breinniggelen mit Himbeersauce *90*
Breinsuppe mit Gemüse *23*
Brennesselrahmsuppe *31*
Brotknöderl *38*
Brotsuppe „Braumeister Art" *25*
Buchweizeneintopf *35*
Buchweizennockerln *38*
Bunte Salatschüssel *22*
Butternockerln *38*

D

Dillsuppe *31*
Dinkelpalatschinken mit Mohnfülle
und Apfelsauce *91*
Dörrzwetschkenknödel im Mandelkleid
auf Grantnschaum *92*
Drautaler Birnen *114*
Drautaler Hochzeitskrapfen *128*

E

Eierschwammerlsuppe *25*
Erdäpfelplatteln mit Kürbiskraut *45*
Erdäpfelrahmsuppe mit Schwammerl *26*
Erdbeercreme *117*
Erdbeertörtchen *118*

F

Fruchteier oder Fruchtkugeln *131*
Frühlingssalat *22*

G

Gebackene Hollerblüten *93*
Gebirgshonigeis *114*
Gefüllte Dampfnudeln mit Honigbutter *94*
Gefüllte Erdäpfelrolle *46*
Gefüllte Kohlblätter mit Linsen-Naturreis,
Majoransaft, glasierten Rohnen
und Schalotten *48*
Gefüllte Kohlrabi in Petersiliensauce *49*
Gefüllte Paprika mit Kräutertopfen *16*
Gegendtaler Gewürzsuppe *27*
Gegrillte Maisgrießschnitten mit
buntem Schalottengemüse *51*
Gemüsesulz mit Radieschensalat *17*
Gerstenknöderl *39*
Gerstenlaibchen mit Lustocksauce
(Liebstöckelsauce) *52*
Gerstennockerln *38*
Gerstenschrotbällchen in Dillrahmsauce *53*
Gekochte Gemüsesalate *20*
Gesulzte Mandelmilch mit Waldbeeren *116*
Gewürzäpfel im Schlafrock mit Grantnsauce *95*
Grantnschleck (Preiselbeercreme) *115*
Grünkernbraten mit Thymiansauce
und Rübennudeln *54*
Gurkensuppe kalt *17*

H

Hadnnockalan *39*
Hadnsterz (Heidensterz) *55*
Haferflockenrahmsuppe *27*
Hasen und Enten aus Honig-Marzipan *131*
Haselnuß-Eistorte *117*
Hasenöhrlan *96*
Heidelbeercreme *117*
Heidenbusserl *132*
Heiden-Kohl-Auflauf *55*
Heidenmehlauflauf
mit Erdbeer-Joghurtsauce *96*
Heidenmehltorte *133*
Himbeercreme (ohne Schlagobers) *117*
Himbeertörtchen *118*
Hirse-Gemüselaibchen
mit Schnittlauchsauce *57*
Hirseknöderl *40*
Hirse-Kohlrauggn
mit Knoblauchrahmsauce *58*
Holzhackerknödel auf Zwetschkenmandl *97*
Honigtaferln *132*

K

Kärntner Apfelnudeln mit
Zitronenmelissen-Honigbutter *98*
Kärntner Eisreinling *119*
Kärntner Endiviensalat *22*
Kärntner Erdäpfelnudeln *61*
Kärntner Gerstensuppe *28*
Kärntner Heidennudeln *59*
Kärntner Kasnudeln *62*
Kärntner Linsentopf *64*
Kärntner Mohnnudeln *99*
Kärntner Mohntorte *133*
Kärntner Nudeln – Grundrezept *60*
Kärntner Reinling *134*
Kärntner Rettichsalat *22*
Kärntner Ritschert *64*
Kärntner Roggenschrotsuppe *29*
Kärntner Spinatnudeln *63*
Kärntner „Wildragout“ *65*
Karobekipferl *137*
Karottentorte *135*
Käsenockerln *40*
Käse-Spinatspatzen mit Zwiebelrahm *66*
Kastanien-Äpfel auf Vanillesauce *120*
Kastaniencreme *121*
Kastanienhalbgefrorenes
mit Karamelsauce und
Gewürzzwetschken *122*
Kerbelsuppe *31*
Kirschenfleck *144*
Kirschenkuchen *129*
Klare Gemüsesuppe *37*
Kletzennudeln *100*
Knoblauchrahmsuppe *29*
Kombinierte Salate *22*
Krautsuppe *30*
Krautfleckalan *67*
Krauttascherl *68*
Kräuterkässchnittlan *41*
Kräuternockerln *41*
Kräuterrahmsuppe *31*
Kräutertopfen *16*
Kressesuppe *31*
Kümmel-Fladenbrot (ohne Triebmittel) *145*
Kürbiskernbrot *146*
Kürbis-Mandeltorte *136*
Kürbisrahmsuppe *32*

L

Lauch-Käsetorte *69*
Lavanttaler Türkentommele *100*
Lebkuchen *132*
Lebzeltnauflauf mit Bierschaum *101*
Leinsamenweckerl *146*
Linsenpastete *18*
Linsenstrudel mit Sat'reisauce *70*
Linsensuppe mit Gemüsewürfeln *33*
Lustockpolenta mit
Weißkraut in Wurzelsauce *71*

M

Marillenfleck *144*
Marillenknödel *109*
Marillenkuchen *129*
Majoransuppe *31*
„Milzschnittlan" *42*
Minzesuppe *31*
Mohnauflauf mit Grantnschaum *102*

N

Nußkipferl *137*
Nußpotize *138*

O

Osterkranzerl *139*
Osterhasen (siehe Hasen) *131*

P

Polsterzipfel *96*
Porreerahmsuppe *33*
Preiselbeer-Äpfel auf geeister Mandelsauce *103*
Preiselbeercreme *115*

R

Rahmschwammerl mit Semmelknödel *72*
Rhabarberhalbgefrorenes mit Erdbeermark *123*
Rhabarberspeise *124*
Ribiselcreme *117*
Ribiselschnitten *139*
Roggennockerln mit Zwiebel *73*
Roggentålggnsuppe *34*
Rohgemüsesalate *20*
Rohkost-Vorschläge *21*
Rohnennudeln *104*
Röhrlsalat mit Erdäpfel *22*
Rosencreme (ohne Schlagobers) *124*
Rosmarinsuppe *31*

S

Salate und Salatsaucen *19*
Sauerampfersuppe *31*
Sonnenblumenkernbrot *146*
Spinatnockerln *42*
Spinatknödel mit Bergkäse *75*
Spinatsalat mit Schafkäse *22*
Spinattascherl in Salbeirahm *76*
Südkärntner Bohnentopf *78*

Sch

Scheadlan *96*
Schnittlauchsuppe *31*
Schokolade-Eier aus Tålggnnougat *140*
Schokoladetorte (Karobetorte) *141*
Schottraunkn *104*
Schottreinkelen *108*
Schwammerlknödel mit Majoranbutter *74*
Schwammerlroggen oder -dinkel *77*
Schwarzbeermandl mit Dinkelnockerln *105*
Schwarzbeerfleck *144*

St

Sterz siehe Türkensterz, Tålggnsterz und Heidensterz *80, 79, 55*

T

Tålggnsterz *79*
Thymiansuppe *31*
Topfenkrapferl *104*
Topfenknödel auf Kletzenpfeffer mit Apfelmus *106*
Topfenkuchen *141*
Topfenmayonnaise-Sauce *21*
Topfennockerln auf Schwarzbeermandl *107*
Topfenplattlan *79*
Topfenreinkelen *108*
Türkensterz *80*

U

Überbackene Heidenpalatschinken
mit Spinatfülle ***80***
Überbackene Krautpalatschinken ***82***

V

Vanille-Hirsepudding mit Himbeersauce ***125***
Vogerlsalat mit Schafkäse ***22***
Vollkorn-Roggenbrot (mit Spezial-
Backferment) ***147***
Vollkorn-Dinkelsemmeln ***148***

W

Walderdbeer-Hirsetorte ***142***
Weinbeer-Topfenweckerl ***143***
Weichselspeise ***126***
Weizen- oder Dinkellaibchen
in Egerlingsauce ***83***
Williamsbirne in Marzipanschaum
mit Himbeeren ***126***
Winterlicher Buchweizentopf ***35***
Winterliche Gemüsesuppe ***36***
Wirsingrahmsuppe ***36***

Z

Zwetschkenfleck ***144***
Zwetschkenknödel ***109***
Zwetschkenkuchen ***144***
Zwetschkentörtchen auf Zimtschaum ***110***
Zwiebelfleck (Zwiebelpizza) ***84***

Empfehlenswerte Literatur

Zur weiteren Information und Vertiefung der Kenntnisse über naturgemäße Ernährung und Lebensweise:

Dr. Udo Renzenbrink: „Die 7 Getreide", Rudolf-Geering-Verlag, Dornach, Schweiz

Dr. Udo Renzenbrink: „Die Sojabohne", Arbeitskreis für Ernührungsforschung, Bad Liebenzell

Werner Kollath: „Die Ordnung unserer Nahrung"

Werner Kollath: „Getreide und Mensch – eine Lebensgemeinschaft"

Rudolf Steiner: „Naturgrundlagen der Ernährung", Verlag Freies Geistesleben, Stuttgart

Rudolf Steiner: „ Ernährung und Bewußtsein", Verlag Freies Geistesleben, Stuttgart

Rudolf Hauschka: „Ernährungslehre", Vittorio Klostermann, Frankfurt

William Shurtleff: „Das Miso-Buch", Ahorn-Verlag, Soyen

William Shurtleff: „Das Tofu-Buch", Ahorn-Verlag, Soyen

Brecht: „Deine Ernährung ist dein Schicksal", Brecht-Verlag, Karlsruhe

Dr. M. O. Bruker: „Krank durch Zucker", Helfer-Verlag, Bad Homburg

Dr. M. O. Bruker: „Zivilisationskrankheiten, Ursachen, Verhütung, Heilung", Schnitzer-Verlag, St. Georgen

Dr. H. Reckeweg: „Schweinefleisch und Gesundheit"

Dr. Devanando Weise: „Harmonische Ernährung"

Gabriel Cousens: „Ganzheitliche Ernährung", Edition Sternenprinz, Frankfurt

Heimo Grimm: „Vollwertküche für Feinschmecker. Natürlich – Vegetarisch", Steirische Verlagsgesellschaft, Graz

Notizen:

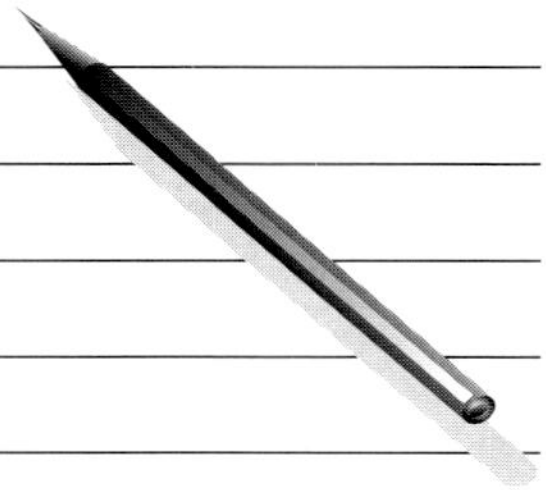

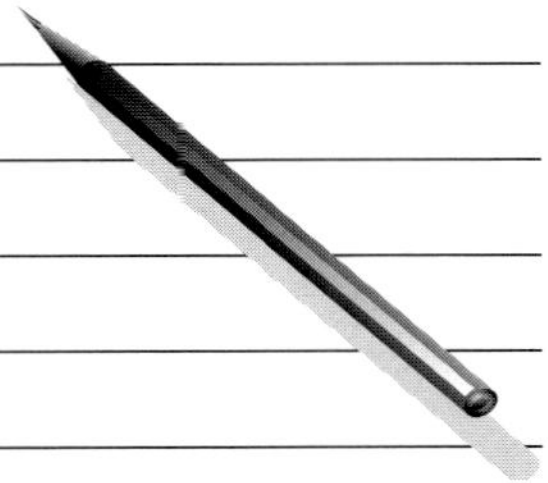

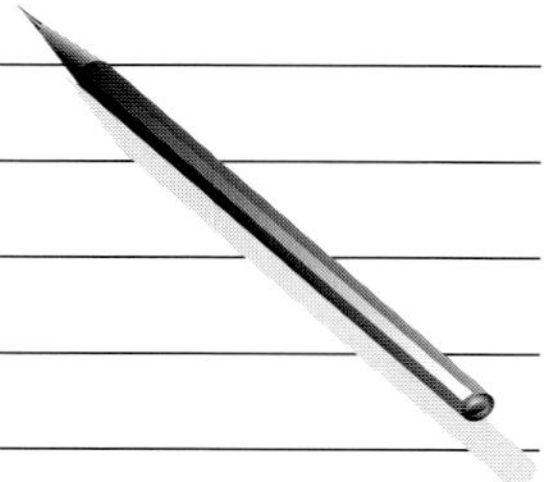

Vom selben Autor erschienen:

Die neue Lust am Essen! Mit Genuß zur gesunden Ernährung! Raffinierte Rezepte, die dennoch einfach zuzubereiten sind, sollen verführen, die Lust am gesunden Essen zu entdecken. Kürbiscremesuppe, Mangold-Roulade, Polenta-Gnocchi oder Haselnuß-Soufflé sind nur einige Beispiele der köstlichen Kreationen, die zum Nachkochen und Genießen einladen. Praktische Informationen über die Grundlagen der gesunden Ernährung, Tips für die richtige Zubereitung, Produktinformationen und ein Vorwort von Dr. med. Rüdiger Dahlke machen aus diesem Kochbuch ein wichtiges, praktisches und unverzichtbares Koch- und Handbuch.

HEIMO GRIMM
VOLLWERTKÜCHE FÜR FEINSCHMECKER
NATÜRLICH – VEGETARISCH

224 Seiten
65 Farbabbildungen
ISBN 3-85489-017-6